物馆
术拾珍

发散篇

梁进 著

化学工业出版社
·北京·

图书在版编目(CIP)数据

博物馆艺术拾珍. 发散篇 / 梁进著.
—北京：化学工业出版社，2021.10
ISBN 978-7-122-39529-0

Ⅰ.①博… Ⅱ.①梁… Ⅲ.① 博物馆-世界-通俗
读物 Ⅳ.①G269.1-49

中国版本图书馆CIP数据核字（2021）第164492号

责任编辑：宋　娟
责任校对：王　静
装帧设计：尹琳琳

出版发行：化学工业出版社
　　　　　（北京市东城区青年湖南街13号　邮政编码100011）
印　　装：北京盛通印刷股份有限公司
710mm×1000mm　1/16　印张17　字数300千字
2022年1月北京　第1版第1次印刷

购书咨询：010 - 64518888
售后服务：010 - 64518899
网　　址：http：//www.cip.com.cn
凡购买本书，如有缺损质量问题，本社销售中心负责调换。

定　　价：88.00元　　　　　　版权所有　违者必究

用心灵之窗看到的世界

江逐浪

曾经有很多学生告诉我，自己去过卢浮宫，却没见到《萨莫色雷斯岛胜利的女神》。乍一听，这怎么可能？可这种事却真实地频频发生着——因为有一种旅游叫作"朋友圈打卡"。

如果人生只是活在朋友圈里，发一张附加定位的美照当然就能实现旅行的全部目的。可旅行真正的意义，不正是在于让自己超越原有生活的局限，让自己的生命得到延展吗？那么大的世界，如果只通过取景框"看看"，无疑会错过许多真正的风景。和美好的事物擦肩而过，是人生最大的遗憾。

如何在有限的时间里，最快地把握到另一种文化呢？我想，最快捷的方式就是去看各地的博物馆。因为，博物馆里呈现出的文化不仅是异地的，也是异时的，是时间和空间的双重维度下的精华。在万里路上不断地看博物馆，就如同在读万卷书。博物馆就是我们拓展人生之路的地图。

这套《博物馆艺术拾珍》涉及了全世界30个著名的博物馆，覆盖五大文化圈、六大洲，以及上下7000年的全部人类文明。这些博物馆里的藏品数加在一起超过千万，薄薄的几百页纸当然不能完全涵盖。作者犹如一个精心制作旅行攻略的行者，从自己的角度勾勒出一条观察人类艺术发展的脉络。

这是一条很有个性的线路，自然也就是一条很私人的"线路"。比如，这条"线路"与常规不同，在重点讲到米开朗基罗的时候，甚至没有提到《大卫》！当然不是因为《大卫》不重要。那是因为《大卫》的所在地不在那30个博物馆名单里吗？并非如此。事实上，很多件艺术品也不在那个名单里，却依然出现在书中，比如梵高的《星空》。那是为什么？我想，是因为《大卫》不在作者看待艺术世界的主脉络上。

　　30家博物馆，千万级的艺术品收藏，无论谁当介绍者都需要筛选材料，那条决定筛选依据的"线索"又都与他们自己的看待艺术、看待世界的方式有关。如果我来写介绍博物馆的书，我一定会这样告诉大家："如果去巴黎，要先去卢浮宫，再去奥赛博物馆，最后去蓬皮杜艺术中心……这顺序千万不能反过来！"又或者是这样的："看文艺复兴去佛罗伦萨，看巴洛克去罗马，看新古典主义去巴黎……"这是我的线路图。我看待世界的方式，决定了我的地图；我看过的书，决定了我看待世界的方式。很明显，作者看过的书和我的不同，所以她看待世界的方式也和我大相径庭。

　　作者的艺术世界里，始终飘浮着数学的影子。首先，书名中的"收敛"与"发散"就散发着微积分那高深莫测的气息，除此之外，作者在正文里也无时不在审视数学对西方艺术发展的影响。我想，这样的"线路",怕是连那30家博物馆自己都没有想到过吧?

正因如此,虽然书中介绍的博物馆我到过大半,但还是看得津津有味:原来不仅有"比例"对应着达·芬奇的《维特鲁威人》,还可以从"分形"的角度重新审视抽象画!没错,莫奈的《睡莲》是"函数映射"在自然界中的体现,而伦勃朗笔下的群像正体现出自然界的"正态分布"……一样的内容,换成另一个角度又看出了别样的姿态,带给人别样的惊喜,这本身就是艺术的魅力。

有幸的是,作者严谨的科学背景并没有侵染艺术自由的、灵性的天地。她的写作思路既发散又体贴,有时以创作者为核心拓展介绍多件作品,有时对比分析不同创作者的同主题作品,有时以时间地域为关键词细致展开……相关的人物生平、历史背景、神话传说也一并附上,真诚分享了业余艺术爱好者入门阶段的心路历程。作者还在每一个章节的结尾,都和读者分享了自己初遇这家博物馆时的体验。

对于艺术创作者来说,对一件事物的初体验至关重要,那可能是所有创作的根,因为那一瞬间的感觉最真实、最动人。对于艺术理论分析者来说,仅有初体验是不够的,还需要根据自己的所知所学,对那些感性经验加以分析、总结、归纳、分类、提问、回答……直到从感性经验中升华出理性认识。

有趣的是，一般文科生的思路总是感性在先，理性在后；这本书的写作方式却是理性在先，感性在后。果然，一个人看到的世界，就是他此前看过的全部的书。所以，对我而言，看这本书本身就是在看另一类人看世界的方式，就是在看另一种文化，另一种生活。那不是一般取景框里的世界，那是用"心灵的窗户"看到的世界。只有用这样的眼睛看世界，才能真正看出世界的万千变化、万千美好。

所以，这本书对于没有去过那些博物馆的人来说，是一张导览图；对于去过那些博物馆的人来说，不是提供回忆的纪念册，而更可能是一个对话框。

你的世界、我的世界、他的世界，无关谁的更正确，也无关谁的更美好，让自己的世界与他人的世界交流，一定是件非常美好的事。

　　自从我出版了《淌过博物馆》和《名画中的数学密码》等书，大家觉得我对博物馆里的艺术品有些独到的看法，特别作为一名科学工作者，用数学的眼光观赏艺术的角度不同寻常，对读者或许有些启发。本书编辑约我专门写本书，从我的视角向大家介绍博物馆里的艺术珍品。说句实话，这还真让我有点胆怯。我不敢以艺术评论者自居，对于艺术，尤其是博大精深的博物馆里的艺术珍品，我只有叹为观止的份了。编辑鼓励我，别只在那感叹，把我的那些独特的心得和想法与读者分享一下，哪怕不够成熟，也会是大有裨益的。于是，我鼓起勇气，决定以观众的身份与大家分享和拾取我"淌"艺术类博物馆时，从数学角度对一些珍品的感想。我这里也不是要对艺术类博物馆或美术作品做一个全面的介绍，事实上，书中提到的很多博物馆并无法严格地划分到艺术类，我只是想和读者分享我的艺术博物馆之旅。如果有些想法能和读者产生共鸣或交流，我就心满意足了。当然，号称怕数学的读者也不用怕，我不会用数学公式轰炸读者，只是用数学思想和观点从另一个角度去欣赏艺术、畅游博物馆，或许会产生不一样的效果。

　　为写这本书，我特地查找了"艺术"的定义。这个词好像大家都懂，解释却是五花八门，自觉得比较靠谱的是《现代汉语词典》的解释。狭义的是："用形象来反映现实但比现实有典型性的社会意识形态，包括文学、绘画、雕塑、建筑造型、音乐、舞蹈、戏剧、电影、曲艺等"；广义的是："指富有创造性的方式、方法"。按照这个解释，由于博物馆收藏的大多数是人类创造的精品，那么大多数博物馆都可以被称为"艺术博物馆"，大多数博物馆的藏品都可以被认为是艺术品。其实那些冠以"艺术"或"美术"的博物馆，实际上内容既繁杂又丰富。为此在这套书里，我将其分为两篇，分别冠以两个数学名词：收敛和发散。这两个数学名词来自微积分，有严格的数学定义。但在这里，我只用不太严格的描述性的语言来表述：收敛刻画了一种无限接近某一有限值的状态或过程；发散则相反，不能无限接近任何有限值的状态或过程。在收敛篇中，我主要谈了四大综合性博物馆及其藏品，就艺术文物像涓涓细流汇聚于此，对应"收敛"意向。发散篇主要谈了世界各地独具地域特点的博物馆及其藏品，暗示很多艺术文物四处散落，仍然发光发亮，对应"发散"意向。用这两个数学词作为书名而不直接提数学，是暗示数学在这本书中的作用。

其实，大多数参观博物馆的观众，尤其是欣赏艺术品时，都会有这样或那样的困惑：什么叫艺术品呀？这件破破烂烂的东西还不如我用的东西漂亮，怎会价值连城？别人都说它好，我怎么看不出来呀？等等。有时这样的想法只在心里放着，不敢表露，生怕露怯，怕别人说自己没文化。其实这很正常，我也这么想过。欣赏艺术有个过程，每件艺术品都有其时间价值、艺术价值和创新价值等，很多价值不是很显然的，要细细品尝挖掘。我觉得要想回答上面这些疑问，只能用多看、多想、多比较来提高自己的鉴赏水平。切记的是不要人云亦云，别人的意见可以参考、可以启发，但更重要的是要自己细品，有自己的体会。我小时候没有多少博物馆可看，所以那时没有受到很好的艺术教育，后来有机会出国，正是大量参观博物馆的经历给了我欣赏艺术的钥匙，因此也就有了现在的书。我不指望读者看了这套书就可以解惑，但希望可以在解惑的道路上迈进一步。

Contents
目 录

Museum 1
地域风情

如果说顶级大型博物馆的形成需要一定的历史机缘，那么各个地区自然而然也就有自己值得骄傲的博物馆。这些博物馆里的收藏都具有强烈的自己特色和风情。这些文化的珍宝共同形成人类文明之河，具有独特的价值。历史悠久地域的博物馆也一定是水平超然。

Collection 1 故宫博物院

THE PALACE MUSEUM

故宫太和门广场

　　成立于1925年的北京故宫博物院是一座建立在明清两朝皇宫——紫禁城的基础上的博物馆。它收藏了数以百万件体系完备、涵盖古今、品质精良、品类丰富的藏品，其中以中国明清宫廷文物类、器皿类、珠宝类、古建类和图书绘画类藏品为主，其本身也是世界上规模最大、保存最完整的木结构宫殿建筑群。所以，故宫博物院是一座艺术的宝库。在本书中，我们主要介绍其绘画藏品。

　　国画分为山水画、人物画、花鸟画等，其技法有写意和工笔之分，追求"神似"，有点与近代艺术殊途同归的味道。

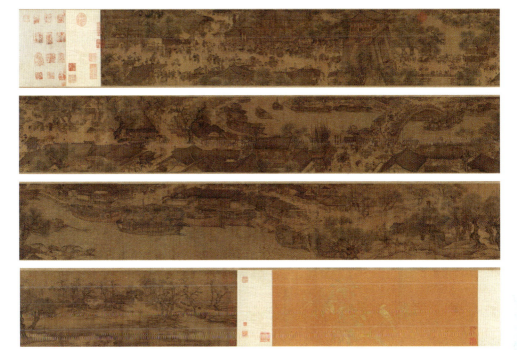

清明上河图

（北宋）张择端
绢本设色　24.8cm×528.7cm
北京故宫博物院

记载历史的长卷

在故宫众多绘画藏品中，绝大多数是中国画。与西方绘画不同，中国画走的是另一条路，其特点是散焦。正是因为如此，才出现了大量长卷类的画作，如北宋张泽端的《清明上河图》、王希孟的《千里江山图》等。而这种方式的绘画也验证了中国传统文化"自上而下"的思想方法。

张择端，字正道，琅琊东武人，北宋画家，宣和年间任翰林待诏，擅画楼观、屋宇、林木、人物。其存世作品有《清明上河图》《金明池争标图》等，皆为我国古代艺术珍品。

张择端画像

《清明上河图》为长卷形式，采用散点透视的构图法，沿着一条河展现中国12世纪市井生活的方方面面。画家在画卷上写实地描绘了550多个各色各样、各行各业的人物，牲畜五六十匹，车轿20多辆，船只20多艘。具有宋代特色的房屋、亭楼、桥梁和城墙各展风采。从题目来看，画中所绘应该是清明节前后的景象。然而，人们发现，时间在这长卷中似乎并不统一，特别是下面的"清院本"最为明显：从左往右，树的颜色在慢慢地变化，从开始的淡雅粉绿，慢慢加深，后来又渐渐变黄，直

清明上河图（清院本）

（清）陈枚、孙祜、金昆、戴洪和程志道
绢本设色　35.6cm×1152.8cm
台北"故宫博物院"

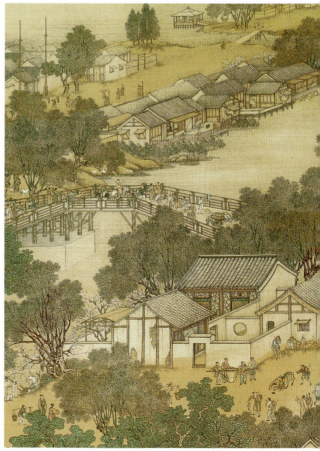

到最后树叶落有了雪色。这分明是四季的演变。原来，这条河就是数学的时间轴，画卷不仅展示了市井的空间维度，而且延拓了生活的时间维度。这不禁会让人想起保罗·高更（Paul Gauguin）那幅《我们从哪里来，我们是谁，我们到哪里去？》（*Where Do Wecome From? What Are We? Where Are We Going?*）。如果高更想描述的是人生哲理，那么中国画家则表达了社会自然。

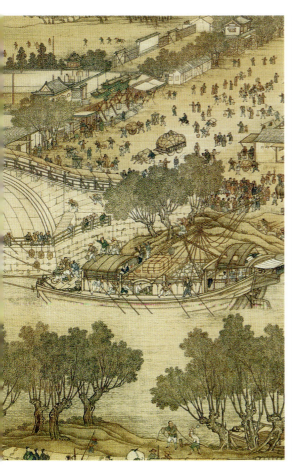

千里江山图

（北宋）王希孟
绢本设色　51.5cm×1191.5cm
北京故宫博物院

　　王希孟，北宋晚期著名画家，是一位真正的"昙花一现"却"名垂千古"的画家。他用那幅18岁时画的《千里江山图》名扬天下，却在史书上无痕。他留给世人的就是这一幅画和一个谜。

　　画作以长卷形式呈现了一片大好河山：连绵的群山岙峰，浩瀚的江河湖水，山水中时隐时现的楼阁亭台、村庄茅屋、长桥船舟，以及起点缀作用的飞禽走兽、花草树木等。意境精细雄浑，情态生动，气象万千，声势恢宏；构图疏密有秩，繁简错落，变化多端，气势贯通；色彩匀净雅丽，青绿夹赭，呼应错落，意趣盎然。它充分表现了自然山水的秀丽壮美，被称为"中国十大传世名画"之一。

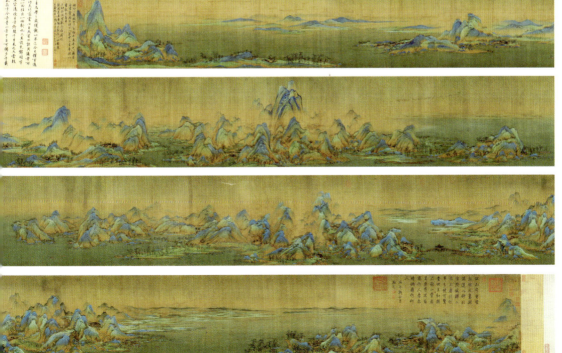

中国独有的山水画

山水画是中国画的一大主类，也是中国画的特有形式，反映了尊重自然、天人合一的文化内涵。山水画的对象一般是大山、大水，也不一定针对具体的山水，抽象的成分很大，画面往往大气磅礴，浑厚幽深。中国优秀山水画家相当多，明代画家吴伟就是之一，他的《渔乐图》就是典型的中国古典山水图。

吴伟，明代著名画家，字次翁，又字士英、鲁夫，号小仙，江夏人，幼年丧父，被湖广布政使钱昕收养。他从小就显出绘画天赋，17岁时受到成国公朱仪赏识，被称为"小仙人"。从此，吴伟便以"小仙"为号。1480年，明宪宗召见他并赐予"画状元"印章和锦衣卫镇抚的职位，从此任职于画院。吴伟恃才不羁，被皇帝传唤时也喝得酩酊大醉，这种性格和我们的诗仙李白有一拼。他的桀骜不驯、放浪不羁却很难为世俗所接纳，后来导致他丢掉了画院的职位，最后也因贪杯在50岁刚出头就离世了。

吴伟擅长画山水，时常绘制巨大的山水画卷。他的画飘逸有灵气，有众多追随者，形成浙派山水中的"江夏派"。《渔乐图》又名《溪山渔艇图》。渔乐图是吴伟经常描绘的题材，他浪迹江湖当职业画家时，"独乐与山人野夫厚"，常与百姓打成一片。他绘的渔乐、栖憩、耕读等内容，多取自现实生活，质朴，真实，自然。渔港环境是喧闹的劳作场所，而非隐士向往的幽居胜地。画面平而不凡，反映了吴伟鲜明的艺术特色。

渔乐图

（明）吴伟
绢本设色
270cm×74.4cm
北京故宫博物院

此画的画法不拘一格。劲健的用笔，淋漓的水墨，与吴伟创作的其他渔乐图相比较，此画有集大成特色，故可推断绘于画家技艺精熟的晚年。此画描绘了湖山相接渔艇栖泊的港湾，布景简略。从整体看，这幅丹青的布局错落有致，有张有弛。唱重头戏的山占据了整个画面右上部，担任主角的水则顺着有峰有谷的山势形成一个S形。水纹的细节基本被忽略，浮在水面上的船被用来做反衬。画中山和水的比例基本符合黄金分割原则，山的巍峨险峻和水的平静柔美被表现得淋漓尽致。画面色彩的浓淡由近至远渐行渐轻，由清晰可触到虚无缥缈。近处有几块嶙峋山石，数株沧桑老树，三五漂泊渔船；中景为一片亘绵山峦和一角延伸沙碛；远处是浑然绵延的峰岭。诸景虚实相生又相互关联，富有层次感和深远感，好似一个数学函数，随着一项项地展开，反映函数性质的重要性也一项项地弱化。例如画中的树，最下方离观者最近的树画得细致入微，中下方的树被处理得有形却含糊，而远方的树就只剩下了痕迹。画中最精彩的是那些起着点睛作用的渔船，呼应画题《渔乐图》。正因为有了这些百舸争流的渔船，整个画面才活了起来，它们赋予了这幅画生命。渔船的处理和树一样，也是由近至远，从强到弱。作为渔船主人的渔夫，画家并没有进行细描，只在最近的几条船上可以看到他们渔乐的身影。但根据整个画面中渔船的布局，我们可以感受到渔夫在大自然的怀抱里是多么的悠然自得。整体境界开阔，气势雄伟，生动地表现出江南渔港之美。画中的那些拓扑山和拓扑水有着中国山水画的共性，也有它们自己的特性，在画家的笔下表现出天人合一、超凡脱俗、回归自然的神韵。

充满情趣的花鸟画

　　花鸟画是中国绘画的一个大类，文人墨客常借物言志，表达情怀。因此，历史上有一大批花鸟画大师。南宋李嵩的《花篮图》是典型的静物花鸟画，也是很有意思的系列静物画。

　　李嵩，钱塘人，出身贫寒，年少时以木工为业。他因喜好绘画，被宫廷画家李从训收为养子，承受画技，终成一代名家。南宋光宗、宁宗、理宗三朝（1190—1264）任画院待诏，时人尊之为"三朝老画师"，人物、山水、花卉皆擅长。

　　《花篮图》是李嵩的同题材系列画，每幅画中的竹篮都编织精巧，里面放满了各色鲜花。小小的花篮折射出繁花似锦的大自然，每季有每季的精彩，画家对自然、生命的热爱和关注洋溢绢上。画幅虽然都不大，但是描绘细腻具体，线条富有表现力，着色艳丽雅致，构图饱满平衡。现在存世的李嵩花篮图有三幅，一幅藏北京故宫博物院，一幅藏台北"故宫博物院"，一幅藏上海龙美术馆，幅上皆款书"李嵩画"，都印有"项子京家珍藏"鉴藏。几幅画的表现手法一致，唯花篮编法和篮中花卉有区别。藏北京者，篮中为蜀葵、栀子、百合、广玉兰、石榴花等夏季花卉；藏台北者，篮中为茶花、梅花和水仙等冬季花卉；藏上海者，篮中为碧桃、海棠等春季花卉。由此可以推论，李嵩的花篮图当时应该有春、夏、秋、冬四景。那失传的秋篮，让我们又遗憾又好奇。通过其他三幅画的信息和数学的逻辑推断应该是：①篮子摆放的方向和春篮相同，提手左里右外；②落款应在右下角；③花篮里应该有菊花等秋花；④编织应该和春篮相似，密度介于夏篮和冬篮之间。缺损有时是美的，能留给了我们想象的空间。就像《红楼梦》的后40回、维纳斯的断臂一样，永远让后人好奇，不停地有人当"续补者"。这花篮系列的秋篮就有了好几个后补版本。李嵩用典型的

花篮图（夏）

（南宋）李嵩
绢本设色
19.1cm×26.5cm
北京故宫博物院

花篮图（冬）

（南宋）李嵩
绢本设色
25.8cm×26.2cm
台北"故宫博物院"

花篮图（春）

（南宋）李嵩
绢本设色
26cm×21cm
上海龙美术馆

静物画描绘四季的变迁，将时间周期通过篮中花的变化表现出来，真乃一绝。

郑板桥也是花鸟画大师。郑燮，字克柔，号板桥，江苏兴化人，清代官吏，曾任河南范县、山东潍县知县，以惠政知名。但他更有名的是书画家、文学家的身份，著有《板桥全集》。他因为饥民得罪大吏而归隐扬州，以卖画为生，因而成就艺术，是著名的"扬州八怪"之一。他的诗、书、画俱佳，世称"三绝"，擅画兰、竹、石、松、菊等，尤以画竹蜚声古今，绘画代表作品有《修竹新篁图》等。

郑板桥最有名的作品是他画的竹子。他能准确捕捉住竹枝、竹叶在风中摇曳的动态和神韵，并出神入化地将其表现出来。竹之高雅坚韧的性格亦最能体现郑板桥刚直不阿的人品。关于画竹，郑板桥有这样一段名言：

梅竹图

〔清〕郑燮
纸本墨笔　127.8cm×31.3cm
北京故宫博物院

江馆清秋，晨起看竹，烟光、日影、露气，皆浮动于疏枝密叶之间。胸中勃勃遂有画意，其实胸中之竹并非眼中之竹。因而磨墨展纸，落笔稍作变相，手中之竹又不是胸中之竹，总之意在笔先。定则也。趣在法之外者，化机也，独画之乎哉。构思时先得成竹与胸中，执笔熟视，乃见其所。

郑板桥的艺术理念实际点出了一个重要的数学概念：建模。他给出了三个空间：客观空间、主观空间和模型空间。他指出这三个空间的对象（竹）之不同，通过这些对象在这三个空间中的关系（函数），建立起这些对象的联系（映射）。在西方纠结于工业革命下的艺术何去何从之际，郑板桥的理念无疑在当时是先进的。我们在今天看来，他给出了一个完整的建模过程：有定则（基本原理、主要矛盾、对象特征），有化机（形式变换、作者兴趣、可能想象）。而这个过程和科学研究思路高度重合：眼中之竹—客观实体；心中之竹—抽象概念；手中之竹—应用模型。

故宫博物院收藏了几幅郑板桥的书画作品，《梅竹图》是其中之一。中国画还有一个特点就是画中赋诗、题词、加印，《梅竹图》就是例证，它自题七言诗一首："一生从未画兰（误笔'梅'）花，不识孤山处士家。今日画梅兼画竹，岁寒心事满烟霞。板桥。"

这幅画的珍贵之处在于，它既有郑板桥擅长的竹，也有他难得画的梅（仅此一幅），梅枝的健硕而弯柔和竹的纤细而挺直形成对比。自然的行笔，流畅的圈线，分别用空勾和润墨描绘出了梅花的娇媚和竹叶的飘逸，在相互映衬中体现了它们不同的美，显示了它们旺盛的生命力。

齐白石，近现代中国绘画大师，世界文化名人。原名纯芝，字渭青，号兰亭；后改名璜，字濒生，号白石、白石山翁等。他早年曾做木工，后以卖画为生，擅画花鸟、虫鱼、山水、人物。其作品笔墨雄浑，色彩明快，造型生动，意境淳朴，妙趣横生。

故宫博物院收藏了齐白石的几幅画，《桃兔图》是其中之一。在这幅画中，黑白两只正在吃草的兔子与树上三只硕大艳红的桃子组成画面主体，一条蜿蜒的枝叶将兔与桃连起来。中国式的隐喻就是数学中的映射。在中国文化中，桃子和兔子都寓意长寿，桃子还有吉祥和丰收的含义，兔子还有敏捷和兴旺的含义。所以，这幅画看着就很喜庆。

桃兔图

齐白石
纸本设色　103.8cm×34.7cm
北京故宫博物院

追求神似的人物画

　　中国画中的人物画大多和历史、宫廷、神话有关。五代画家周文矩的
《重屏会棋图》是一幅很有数学意味的名画。这幅画描绘了南唐中主李璟（位
于正中）与其弟景遂、景达、景过下棋的情景。据说，人在棋盘上对弈，利
用博弈下出了政治谋略，乃至影响了后来的时局走向。不过，这里还有一个
有意思的隐喻：四人身后屏风上画着白居易《偶眠》的诗意。原诗如下。

　　　　　　　放杯书案上，枕臂火炉前。
　　　　　　　老爱寻思事，慵多取次眠。
　　　　　　　妻教卸乌帽，婢与展青毡。
　　　　　　　便是屏风样，何劳画古贤？

第一屏　　　　第二屏

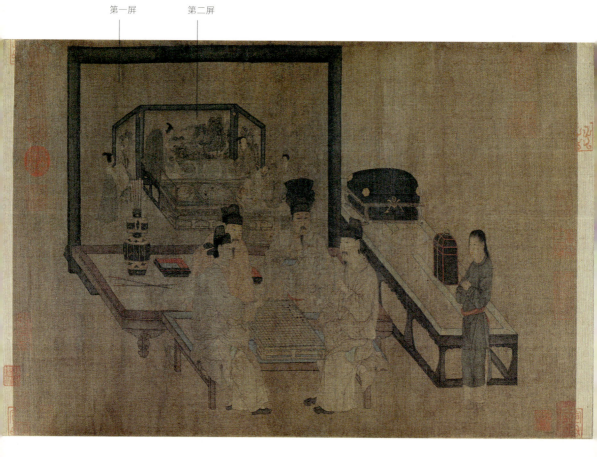

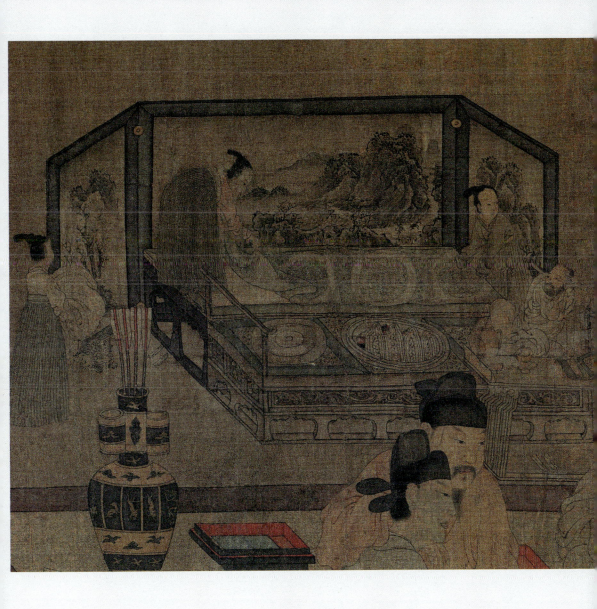

重屏会棋图

（五代）周文矩
绢本设色　40.3cm×70.5cm
北京故宫博物院

这个屏风上又有一扇山水小屏风，这种屏套屏，用数学的话来说就是迭代。所以，画名也就用了重屏。

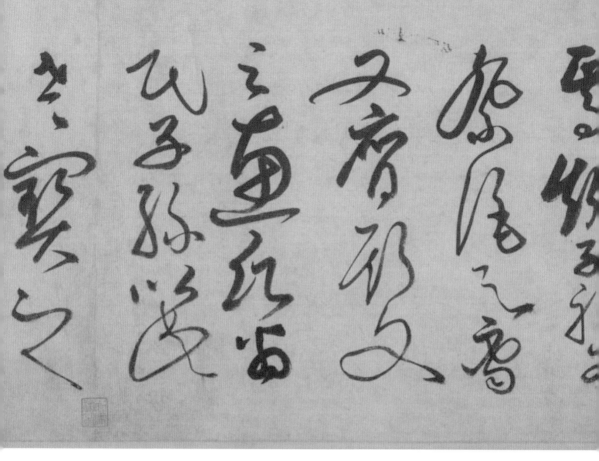

草书千字文（局部）

〔元〕赵孟頫
纸本手卷　24.1cm×240.6cm
草书103行
北京故宫博物院

尊为国宝的书法

　　书法是中国艺术的一大特色形式。因为中国字的独特性，字本身就非常具有画面感，所以书法不仅是一种实用的技法，也是一门艺术。中国历史上有很多著名的书法家，赵孟頫是其中之一，故宫博物院收藏了他的经典作品——《草书千字文》。

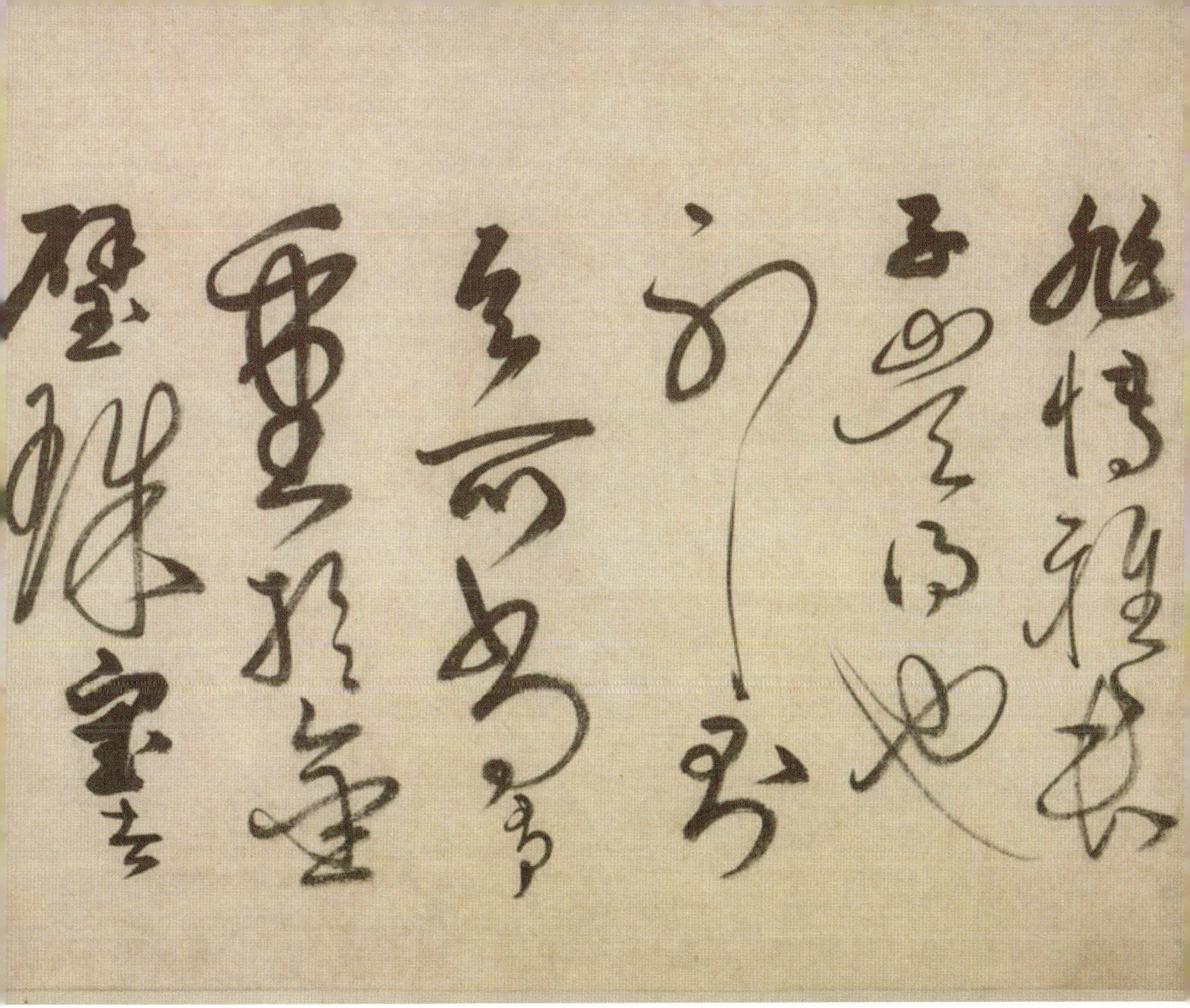

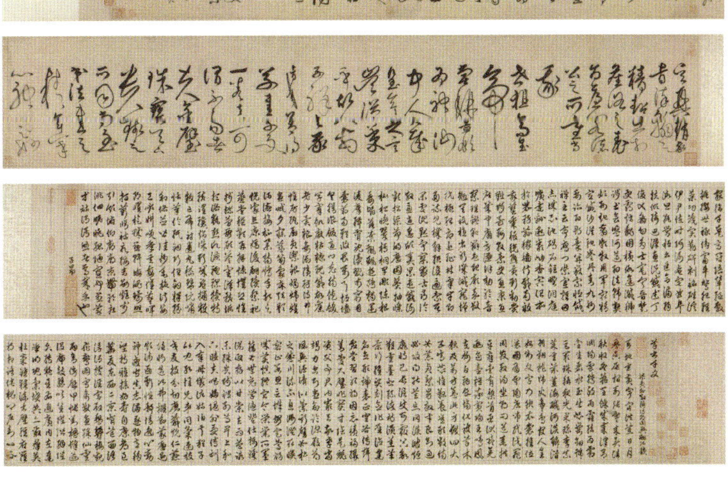

此书法款署"子昂",钤"赵氏子昂""松雪斋"二方,卷前后钤"赵""大雅""松雪斋图书印"三方;尾纸柳贯草书长跋;鉴藏印记有安岐、载铨、完颜景贤诸印。此卷曾藏清乾隆内府,曾被《墨缘汇观》《石渠宝笈》《选学斋书画目》等著录。

赵孟頫一生曾以各种书体多次书写《千字文》,草书之作存世不止一件。此作风貌爽利硬朗,功力纯熟。清代书画鉴藏家安岐评价:"此书体势圆熟,转折峻峭而兼章草。虽宗智永,与往昔所见迥别,乃公之变笔也。评者谓文敏天资既高,学力渊深,未有不神而化者,此卷良是。"

赵孟頫在中国书法艺术史上有着非常重要的影响力。他对书法的贡献,不仅在于他那些流传千古的书法作品,还在于他具有独到见解的精辟书论。他和其他书法大家将中国书法从简单的信息传递提升到艺术的层次,并使之成为中国艺术大花园中的奇葩。针对学习书法,他是这么说的:"学书在玩味古人法帖,悉知其用笔之意,乃为有益。"他认为,不仅要临摹,还要通意:"学书有二,一曰笔法,二曰字形。笔法弗精,虽善犹恶;字形弗妙,虽熟犹生。学书能解此,始可以语书也。"这些精彩的论点也提示了欣赏书法艺术的门道。

书法艺术的独特还在于其兼有时间和空间的表达方式。我们都知道文学因其叙事性是时间的艺术,绘画由于形象性是空间的艺术,而书法恰是结合了时间和空间这两大基本数学物理性质的艺术。我们从大师们的作品中可以细细品尝其中的奥秘。

THE PALACE MUSEUM

故宫博物院随记

对故宫博物院的首次造访是我第一次去北京时的事，后来在北京大学念书，又陪同外国友人多次返访，那时中外游客的门票是不同的价格。第一次去被皇宫的大气派所震慑，倒没有多究其中的珍贵藏品。后来给外国友人当导游，外国友人的各种问题或肤浅或深刻，让我左支右吾，难以应付。为了不让我们的灿烂文明在我这掉价，我着实费了一番功夫，尽量让外国友人满意，同时也学到了不少东西。

后来由于去北京都忙于别的事务，以至于几十年后才重返故宫博物院。现在去故宫更难了，不仅要手快抢票，还要腿快站队。当然，这几年的故宫博物院的变化也是巨大的，而我本身的修养也大大提高了。

当终于有机会再入故宫时，旧貌大变，房还是那房，殿还是那殿，但展品已大大丰富，还多开放了许多庭院，还有不少特展，让人沉迷其中，实在看不过来。

MUSEE DES BEAYX-ARTS DE LYON

里昂美术馆外观

　　里昂美术馆（Musee des Beayx-Arts de Lyon）是法国乃至欧洲的大型博物馆之一。它位于里昂市中心，是一座极美的古建筑，占地约7000平方米，该建筑物的前身是12世纪的本笃会修道院（Benedictine Convent）。美术馆创建于1803年，几经修复和改造形成目前的规模，于1998年重新开馆。其整体结构为内含雅致的天井花园的封闭建筑。所以，"文包花容绿心"成为这个美术馆的特点。

里昂美术馆成立于19世纪初，经过多年的收集、发展，其藏品包含从古埃及到现代大量世界重量级艺术作品。丰富的馆藏使之成为巴黎以外法国最重要的博物馆，其意义远超出一般的地方博物馆。它的藏品分布在70个展厅，向参观者提供从古代到现代艺术的一条异乎寻常的线路。其雕塑藏品尤其丰富，它是法国最重要的收藏雕塑作品的博物馆。

23

里昂美术馆内庭

罗丹的雕塑

在众多馆藏艺术家中，我们重点介绍法国雕塑家奥古斯特·罗丹（Auguste Rodin）。罗丹的绝大部分作品都藏于罗丹博物馆，不过里昂美术馆还是收藏到两件他的原作——《阴影》（*Shadow*）和《圣安东尼的诱惑》（*The Temptation of St. Anthony*）。

里昂美术馆内花园，花园中间的雕塑就是罗丹的青铜原作《阴影》

奥古斯特·罗丹，法国著名雕塑家。他被认为是19世纪和20世纪初最伟大的现实主义雕塑家，是欧洲2000多年来传统雕塑艺术的集大成者、20世纪新雕塑艺术的创造者。他的作品搭建了西方近代雕塑与现代雕塑之间的桥梁，使他成为雕塑史上一位划时代的人物。罗丹在欧洲雕塑史上的地位，正如诗人但丁（Dante Alighieri）在欧洲文学史上的地位。

《圣安东尼的诱惑》是美术馆直接从罗丹处购得的。罗丹似乎故意未完成此作，在几乎粗糙未雕琢的大理石底座上突出两个高抛光的叠加呈十字的人形：上面那个是双手抱头，挺胸扭身，摆着诱惑姿势的裸体女性；而下面那个是藏裹在长袍中，埋头十字架，似乎在躲避的修道士。

这个主题是19世纪的艺术家非常关注的题材。传说圣安东尼隐退后，散尽财产给穷人，自己到沙漠中苦苦修行，向上帝祈祷。期间，他被萦绕在四周的有关女人的幻想和其他恶魔所包围，但他矢志不移且终修成正果。针对这个主题的创作，有许多西方的诗歌、小说、戏剧，当然也有很多名画，创作者包括米开朗基罗·博那罗蒂（Michelangelo Buonarroti）、耶罗尼米斯·博斯（Hieronymus Bosch）保罗·塞尚（Paul Cezanne）等。在社会变革、充满疑惑的年代，这个故事的启迪意义是非凡的。

该主题有若干"相似型"，米开朗基罗的蛋彩画《圣安东尼的诱惑》就是马丁·舒格尔（Martin Schongauer）同名雕塑的复制品，原雕塑现藏于大都会艺术博物馆。米开朗基罗创作此画时还是青少年，但他的才华就已尽显。塞尚的《圣安东尼的诱惑》则现代感十足；博斯的《圣安东尼的诱惑》更是展现其惊人的想象力。

圣安东尼的诱惑

奥古斯特·罗丹
1903年　大理石
61cm×117cm×70cm
里昂美术馆

圣安东尼的诱惑

米开朗基罗·博纳罗蒂
1487年
木板蛋彩　47cm×34.9cm
华兹堡金贝尔美术馆

圣安东尼的诱惑

保罗·塞尚
1870年
布面油画　76cm×57cm
苏黎世 E.G. 布赫勒基金会

圣安东尼的诱惑

保罗·塞尚
1877年
布面油画　47.2cm×56cm
巴黎奥赛博物馆

罗丹最著名的雕塑《思想者》（*The Thinker*）和《吻》（*The Kiss*）的青铜副本在里昂美术馆也有收藏。这两尊雕塑是罗丹最有名的作品之二，本尊在巴黎的罗丹博物馆展出。

吻

奥古斯特·罗丹
1886年
青铜
里昂美术馆

思想者

奥古斯特·罗丹
1840年
青铜
里昂美术馆

副本实际上是本尊的模型。所谓模型就是对本尊的一些特点进行复制。例如，数学模型就是对某类对象的内部数量关系用数学形式表现的模型。艺术本来就是形象的，所以模型的作用比较直接，对外形的复制可以"乱真"。如果去不了巴黎，那么也可以在这里欣赏大师的作品，尽管尺寸小了很多，但材质不同，也会呈现不同的艺术效果。

席里科的浪漫和严肃

针对里昂美术馆的藏画，我们来看一幅代表藏品——西奥多·席里科（Theodore Gericault）的《欲望偏狂患者》（*Portrait of a Woman Suffering from Obsessive Envy*），也叫《萨尔拜特里耶尔收容院里的阴险女人》（*The Hyena of the Salpetriere*）。这幅作品是席里科画的5幅精神病患者的肖像之一，不同于一般唯美的肖像画，席里科把笔尖触在了底层人群。这反映了画家的人文主义思想和现实主义画风。在这幅画中，那位妇女凸出和瞪着的双眼令人害怕，被画家表现得入木三分。

席里科出生在法国北部的一个律师家庭，从师于卡尔·韦尔内（Carle Vernet）。席里科被誉为法国浪漫主义艺术的先驱，仅在世短短35年，他的才华和气魄对法国画坛产生了不可磨灭的影响。当然，席里科最有名的作品是他27岁时创作的扛鼎之作——《美杜莎之筏》（*The Raft of the Medusa*）。这幅画在艺术史上极受青睐，许多艺术家都以这幅画为蓝本创作了自己的版本、自画像和变体画。

这幅画描绘了"美杜莎号"悲剧中的难民隐约看到救生船时的场景。"美杜莎号"是法国皇家军舰，拿破仑战争后，这艘战舰在西非海岸失事。舰艇触礁后，法国舰长把有限的救生船安排给了政客等他认为重要的人，然后用沉船的木头造的木筏来装载包括很多阿尔及利亚移民在内的剩下的147个普通乘客。救生船拖着木筏前行，没过多久，舰长为了让救生船上的人更快得救，残忍卑鄙地砍断了木筏的牵引绳。两周后，人们发现木筏时，只有15人生还，存活者在这两周的遭遇惨不忍闻。

欲望偏狂患者

西奥多·席里科
1819—1820年
布面油画 72cm×58cm
里昂美术馆

美杜莎之筏

西奥多·席里科
1819年　布面油画
491cm×716cm
巴黎卢浮宫博物馆

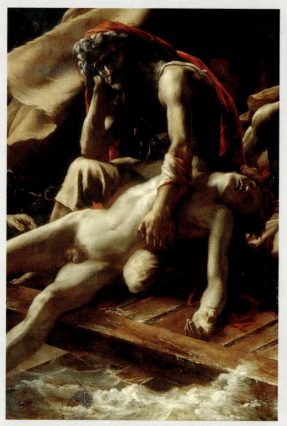

　　这一灾难当即引起了国际公愤，直指拿破仑帝国灭亡后复辟的波旁王朝的极度腐败。席里科经过调研创作了这幅名画，并在1819年的展览会上产生了非凡的影响。这幅画有巴洛克风格的特点，构图呈现为一个梯形，梯形的底座是肢体各异的遇难者，梯形的上面两角，一个是象征希望、促进前行的船帆，一个是被簇拥着举起希望旗帜的黑人。这个黑人的设置固然因为船上多是非洲移民，但也出于画家想表达废除奴隶制的政治观点。梯形有不稳定的因素，使得画面增加了不确定性，同时又影射着失去控制的国家政权之船。

33

MUSEE DE SBEAYX-ARTS DE LYON

里昂美术馆随记

里昂美术馆是我访问里昂国立应用科学学院时顺访的。我在博物馆里逗留了半天，博物馆的丰富馆藏让我印象深刻，远远超出一般地方博物馆的规模和水平。但更让我吃惊的是法国的教育，在那里学习工程的中国留学生告诉我，参观博物馆是他们的必修内容之一。

Collection 3 普 拉 多 博 物 馆

MUSEO DEL PRADO

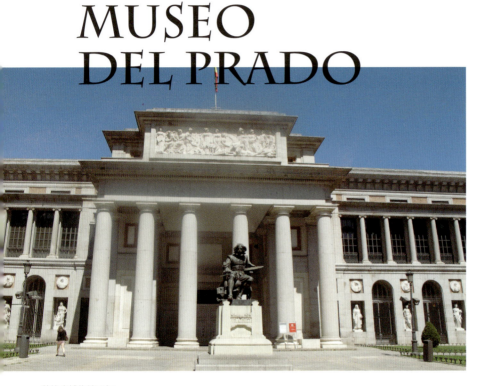

普拉多博物馆正门

　　坐落在西班牙首都马德里的普拉多博物馆（Museo del Prado）是世界著名的博物馆。它的时间标签是11—19世纪，它在博物馆里算是一位长者了。地域侧重点当然是西班牙的绘画作品，但也包括一些其他国家绘画大师的顶级杰作。

　　提到西班牙画家，人们马上想到的就是较为近代的巴勃罗·毕加索（Pablo Picasso）和萨尔瓦多·达利（Salvador Dali）。其实在普拉多你可以触摸到西班牙的艺术历史脉络，从而理解毕加索和达利不是由于基因突变而产生的。

正如其他欧洲博物馆，普拉多的艺术品收藏也是始于皇室。1785年，博物馆的建筑物在卡洛斯三世（Carlos Ⅲ，英文文献中常写为查理三世）的要求下由建筑师胡安·德·维利亚努埃瓦（Juan de Villanueva）设计。费迪南七世（Ferdinand Ⅶ）后在妻子的鼓励下将其变为皇家博物馆，很快它就变成国家博物馆。普拉多在西班牙语中原意为"草地"，后被用于博物馆的命名。1819年开馆后，皇室藏品逐步转入博物馆，加上收购和私人捐赠而形成规模，后因历史机缘还收藏了大量宗教题材的西班牙绘画与雕塑作品。20世纪后，普拉多继续扩展，现已成为西班牙最重要的艺术文化中心。

普拉多博物馆的藏品大约有5000幅素描、2000幅版画、1000种硬币及奖章、2000种装饰品及其他艺术品，以及700多件雕塑作品，但其最主要的藏品是大师级的绘画作品，大约有8600幅。普拉多博物馆是最全面、最权威收藏西班牙绘画作品的美术馆。它不仅收藏15—19世纪西班牙、佛兰德斯和意大利地区大量的艺术珍品，还涵盖雕塑、素描、版画、装饰品及其他形式的艺术品。虽然这家博物馆最出名、最多的藏品是西班牙艺术大师迭戈·委拉斯开兹（Diego Velazquez）和弗朗西斯科·戈雅（Francisco Goya）作品，但其他地区知名画家的作品还有拉斐尔（Raphael）、米开朗基罗、提香（Titian）、丢勒（Albrecht Durer）、波提切利（Sandro Botticelli）、委罗内塞（Paolo Veronese）、鲁本斯（Peter Paul Rubens）、伦勃朗（Rembrandt van Rijn）等大师的。这也使得普拉多博物馆能够跻身于世界著名博物馆行列之中。

西班牙的美术翘楚——委拉斯开兹

普拉多博物馆的主门立着西班牙著名画家迭戈·委拉斯开兹的青铜雕像，我们先来看这位雕像之主及其在博物馆里的杰作。委拉斯开兹是西班牙最伟大的画家之一，对后来的画家影响很大，戈雅认为他是自己的"伟大教师之一"，他的技法对印象派也很有影响。他是西班牙国王菲利普四世（Philip Ⅳ）的首席宫廷画家，也是巴洛克时期的独立画家。在其系列传世杰作中，《宫娥》（Las Meninas）是最杰出的一幅，这幅画就是普拉多博物馆的招牌之一。

　　《宫娥》是委拉斯开兹晚期的一件重要作品，是一幅宫廷生活画。画面通过一扇开着的门和门旁的镜子拉深了空间，加上有活动的人压在画面的底部，又加重了宫廷的威严和压抑。画家把自己画在了画中最左的位置，国王和王后并不是画的主角，只是在镜子中被映出了他们的存在。这隐含着这样的场景：佩戴爵士勋章的画家应该正在给国王和王后画像。然而，画中出现的小公主玛格丽特却位于最醒目的位置，其他人都在围着她转。小公主看来要去参加一项社交活动，被打扮得正式庄重并漂亮，她应该是闯入了画室，因此让画家捕捉到这样戏剧性的瞬间。这时，一名宫娥向她跪献水杯，另一个向她行提裙礼，公主的左前方有两个供宫廷取乐的侏儒和一条趴下的狗，而公主后面的两个年长仆人可能是公主日常生活的监管者，他们好像正在议论着什么，门口站着的仆人或卫兵像是在等待着公主。令人印象深刻的是小公主的矜持的娇气与任性的稚气，正是这种气势统领了整个画面。

　　这幅画打破了一般宫廷画的格式，似乎随意地挑取了一个生活场景。国王和王后不再是主角，但这个场景又较真实地反映了宫廷生活，特别是对小公主的刻画非常传神。她既有公主的高傲，又有孩子的天真。除了前面说过的空间处理，画家对

宫娥

迭戈·委拉斯开兹　1656年
布面油画　320.5cm×281.5cm
马德里普拉多博物馆

光线应用也非常出色。他在室内环境里最大限度地利用了通过窗户照进的自然光，使得他想要主要表现的人物灵动有趣，并且巧妙地将自己隐藏于后。

委拉斯开兹出身平民，但他凭着卓越的绘画技艺成为西班牙国王菲利普四世的好友，而国王也特许他贵族身份，所以他在画中特别展示了那象征贵族的徽章。关于这幅画还有一种说法，后来经X光分析发现，这幅《宫娥》有过很大修改。画中的小公主左手上原本有一枚象征王权的戒指，后来被画家抹去。据说画家最初画此画时，菲利普四世膝下无男嗣，玛格丽特公主是王位继承人。这个场景很像为玛格丽特举行的什么仪式。但画完成几年后，小王子诞生，画中玛格丽特手上的戒指就不得不被抹去了。除此之外，画面中的场景也从正式变成了随意。

普拉多博物馆珍藏了委拉斯开兹的许多作品，馆中收藏的《纺织女》（*The Spinners*）又叫《阿拉喀涅的寓言》（*The Fable of Arachne*），是他的另一幅杰作。

这幅画根据希腊神话创作而成。古时有位凡女，名叫阿拉喀涅，她有一手非凡的纺织和刺绣本领，每当这位少女干活时，林中和喷泉中的神女们都涌来观看。她甚至敢去挑战智慧和纺织女神雅典娜（Athena），并与之比试。她在刺绣中表现了奥林匹斯众神的种种丑闻，这使得雅典娜十分恼火，一气之下就把这位聪明的少女变为蜘蛛。这幅画实际上是画家借题描绘了西班牙皇家壁毯工厂女工的劳动场景。

纺织女

迭戈·委拉斯开兹
1655—1660年
布面油画　220cm×289cm
马德里普拉多博物馆

　　善于空间变换的委拉斯开兹将画面分成三个场景：前景是皇家壁毯厂的女工辛苦劳作的情景；中景则是宫廷贵妇们正在悠闲地欣赏由女工们制造出来的壁毯；后景就是壁毯所表现的那个希腊神话故事。三个场景，一个主题，以纺纱为线索，道尽天上人间、贵族平民的酸甜苦辣，形成一个

强烈的对比。画家用饱含深情的笔触生动地描绘了纺织女的劳动姿态及优美形体。有研究认为，前景的纺织女本来是为陪衬这个故事而安排的，因为画原名叫《帕拉斯－雅典娜与阿拉喀涅》。根据这种说法，这幅画实际描绘了天上人间两个纺织世界。值得回味的是，作为主要故事情节的"天上"成为背景，而作为陪衬的人间纺织女却成了主角。这表明了委拉斯开兹虽然以神话为题材进行创作，但其内心却充满人文情怀，更注重现实人间，尤其同情他在宫廷里见到的劳动妇女。

西班牙美术大师——戈雅

　　普拉多博物馆的另一大门前立着另一位西班牙艺术代表人物戈雅的雕像。

　　弗朗西斯科·戈雅的画风奇异多样，从早期的巴洛克到后期的类表现主义，他总在改变自己的风格，虽然从未建立自己的门派，但他对后世的现实主义、浪漫主义和印象派都有很大的影响，是一位承前启后的过渡性人物。其代表作有《裸体的玛哈》（*The Naked Maja*）、《着衣的玛哈》（*The Clothed Maja*）、《阳伞》（*The Parasol*）等。

　　在普拉多博物馆里，戈雅的《裸体的玛哈》和《着衣的玛哈》总是吸引观者的眼球。事实

裸体的玛哈

弗朗西斯科·戈雅
1795—1800年前
布面油画
97.3cm×190.6cm
马德里普拉多博物馆

着衣的玛哈

弗朗西斯科·戈雅
1800—1808年
布面油画
94.7cm×188cm
马德里普拉多博物馆

上，这两幅画就好像图示了数学中"映像"和"对应"的概念。

玛哈是西班牙语中"平民的少女"。据说《裸体的玛哈》是西方艺术史上第一个描绘全裸的世俗女性的绘画作品，它不涉及任何传说和神话。玛哈的双手枕于脑后，美丽无瑕的胴体微侧于床上且充满诱惑，平静的眼神略为斜垂，嘴角挂着一丝难以捉摸的微笑。画面产生了一种奇特的审美效果：既吸引人又令人胆怯，人性的坦然和世俗的忌讳之矛盾使这幅画神秘而迷人。而《着衣的玛哈》中的玛哈着衣很严实，在床上也不脱鞋，腰部还被紧紧缠紧。从创作时间上看，《着衣的玛哈》比《裸体的玛哈》略晚一些。两幅画不是同时画的，但两女的姿势完全一样。可以猜想，第一幅画出现在世俗社会里得产生多大反响，而第二幅画的出现

应该是为第一幅画减压。至于这个玛哈究竟是谁，有很多种说法，至今不能确定，有说是戈雅的贵族情人，有说是某达官的情妇。

除了开创先河的女性裸体画，戈雅也常常把自己的爱国情怀融于画中。普拉多博物馆收藏了他的名画《马德里的1808年5月3日夜》(*The 3rd of May 1808 in Madrid*)，或叫《枪杀起义者》(*The Executions*)。

1808年初，拿破仑出兵入侵西班牙，3月20日，法军占领了马德里。5月2日，马德里爆发了反抗占领的起义，但遭到法军的残酷镇压。戈雅是这一事件的目击者，法军的暴行让戈雅无比愤怒，他拿画笔为刀枪站在起义者一边，参加了人民的反抗斗争，热情歌颂了西班牙人民不畏强暴、英勇反抗的爱国主义精神。他创作了《马德里的1808年5月3日夜》，记载了这一悲壮时刻。这是一幅描绘了西班牙人民面对法军镇压起义者暴行时大义凛然的悲情作品。画家以马德里的夜景为画面刑场的背景，旨在表现黑暗笼罩着西班牙。起义虽然失败了，但画家并没有把受难者画成失败者，而是表现了他们精神上的胜利。起义者面对死亡，宁死不屈；法军行刑者却不敢正视起义者，内心怯弱，排成一排、靠在一起以壮胆，正义和非正义形成强烈对比。画家将即将被杀害的起义战士放在画面上的黄金位置，用搁在地面的方形灯笼发出的光线将他照亮，与在昏暗中的行刑者形成对比，灯笼发出的光线的散漫也增加了刑场的动荡、恐怖和不安。就义的起义战士双臂摆成V字形、举过头顶，像是在做最后的呐喊，他的脚下是倒下的先烈，身边是共赴黄泉的战友。整个画面突出了这位就义者的伟大形象，同时也隐喻着他将升天。这个形象影响着画坛，以至于这个姿势在以后的画中成了反抗和呐喊的标志性姿势。

**马德里的
1808年5月3日夜**

弗朗西斯科·戈雅
1814年前
布面油画
268cm×347cm
马德里普拉多博物馆

美惠三女神与影响了西班牙艺术的鲁本斯

再来看一位虽然不是西班牙人，但却和西班牙渊源颇深的艺术家。他就是巴洛克早期的代表人物彼得·保罗·鲁本斯，他的代表作《美惠三女神》（*Three Graces*）被普拉多博物馆珍藏着。

美惠三女神在希腊神话里指魅力、美丽和创造女神，传说是宙斯（Zeus）的女儿。她们均为圣女，形影不离，总是勾肩搭背，同诸神一起生活，带来生活的乐趣。她们服侍爱神阿芙洛狄忒（Aphrodite），乐此不疲。我们在波提切利的《春》里看到过她们的身影。美惠三女神集女性所有美好的东西于一身，一直是艺术家们热衷的画题和塑题，是表现女性理想美的最好题材。

在鲁本斯（画家介绍见收敛篇）的笔下，这些女神有着健壮丰满、充满生命力的形体和秀丽俊朗的面孔。不过，相比古典时期的作品，鲁本斯笔下的女神们更大众化、平民化了。画家特意用了暖色，让她们位于上方饰有花环的喷泉旁边，使之有别于大理石雕塑的冰冷感，从而让女神显得更加活泼、更加人性化。此画一直由画家本人持有，可见画家对它的喜爱，画家去世后由菲利普四世获得，归入西班牙皇家藏品，最后由普拉多珍藏。

关于这幅画，还有一段传说。鲁本斯第一任妻子伊莎贝拉去世后，53岁的他再婚娶了伊莎贝拉的侄女——16岁的海伦娜。那段时间，海伦娜成了他的最佳模特，他也佳作频出，作品见证了他的幸福生活。据说三女神中画面左边那位的形象直接源于海伦娜，而画面右边那位的模样是画家记忆中的伊莎贝拉。所以，在鲁本斯死后，海伦娜要烧掉这幅作品，以发泄她的醋意。多亏菲利普四世购下了这幅作品，才使杰作免遭横祸。把两任妻子置于同一画面，导致嫉妒几乎让一幅名画被毁，这大概也算得上是绘画史上的一件趣闻了。

　　作为对比，我们来看针对同一题材，不同作者创作的几件作品。它们分别是埃尔米塔什博物馆收藏的安东尼奥·卡诺瓦（Antonio Canova）的雕像、孔德博物馆收藏的拉斐尔的油画以及普拉多博物馆和大都会艺术博物馆收藏的古代雕像。这些作品中美人虽姿态不同，却都诠释了数字 3 的神秘和"三要素"的含义。

45

美惠三女神

彼得·保罗·鲁本斯
1630—1635年前
木板油画
220.5cm×182cm
马德里普拉多博物馆

美惠三女神

拉斐尔·桑蒂
1504—1505年
木板油画　17cm×17cm
尚蒂伊孔德博物馆

美惠三女神

公元前2世纪　大理石
119cm×85cm
巴黎卢浮宫博物馆

大都会艺术博物馆的《美惠三女神》为复制品，原件创作于公元前2世纪，头部和手臂残缺，在卢浮宫有修复后的雕塑。

美惠三女神

公元前2世纪　大理石
123cm×100cm
纽约大都会艺术博物馆

美惠三女神

安东尼奥·卡诺瓦
1813—1816年
大理石 高182cm
圣彼得堡埃尔米塔什博物馆

超现实主义鼻祖——博斯

博斯的名作《人间乐园》（*The Garden of Earthly Delights*）是一幅充满幻想、隐喻的超现实主义作品。几个世纪以来，无数人为之痴迷和疯狂，各种研究层出不穷，各种解读异彩纷呈，然而权威性的说法几乎没有。大家猜呀猜，就是找不到钥匙，更找不到谜底。观画的人很难相信，这样一幅奇异的画，居然是在500多年前即便古典艺术都还稚嫩的环境里诞生的。加上人们对画家博斯本人的生平知之甚少，这幅画又没有具体的创作日期，那种强烈的超越和不真实感始终围绕着这幅画。

博斯被誉为荷兰文艺复兴早期的艺术大师，是一位高度个人主义的艺术家，其存世的作品并不多。他本身就是一个谜，充满着神秘，有人认为博斯可能把他自己也画了进去，就是那个右联的焦点——被称为"树人"（Tree Man）的人物形象。树人的头和人的一样，但他的躯干像洞一样又大又深，洞里还有一些裸体者。现在一般相信，这幅画是在1490—1510年完成。它面世于博斯去世后的第一年——1517年，当时被拿到一座上流社会的城堡中展出。西班牙内战期间，政府把它移到了普拉多，希望能保证它的安全。之后，这幅画就一直留在这里，成为普拉多的镇馆之宝之一。

"人间乐园"其实是作品的中间部分的名字，结果被后人强加到三联画上，也被当成了整个作品的名称。这幅三联画左边是"亚当与夏娃"（起源），右边是"最终的审判"（终结），中间才是"人间乐园"（现世）。全画展现了一幅色彩丰富而充满奇思妙想的长卷，有许多裸体男女、奇花异草与飞禽走兽。画中遍布着隐喻，如那些草莓是什么意思，水域在表达什么，那些气泡、空壳又指的是什么？画中人和动物的关系很微妙，

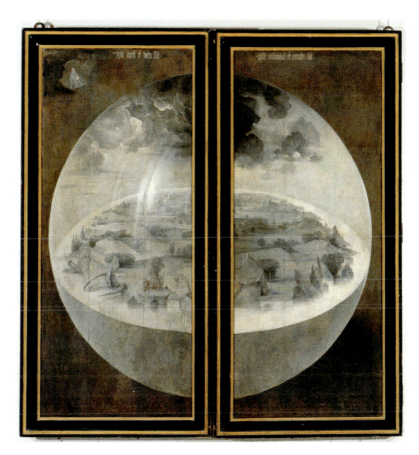

这幅由三部分组成的巨画很大，三幅折起后的正面就是一幅地球图

左联上的所有人和动物都是平等的，中联上的动物是被人驱役享用的，而右联上的动物是惩戒人的工具。虽然超现实，但其宗教框架却是清楚的，时间脉络也是明晰的。三部分映射的含义相互关联，从左往右，逻辑清晰。在这个坐标轴上展现的却是与宗教格格不入的纵欲、荒诞和离奇。左联是上帝为亚当造了夏娃，也可以看成天堂的祝福，右联描绘地狱的诅咒，最著名的中联如题则是人间乐园。这个乐园呈现了各种超现实的诱惑和疯狂，可以从中看到一种强烈的宿命感：人如何被创造，又如何滥欲，最后如何走向灭亡。

人间乐园

耶罗尼米斯·博斯
1490—1500年　木板油画
185.8cm×172.5cm（中间），
185.8cm×76.5cm（两侧）
马德里普拉多博物馆

圣安东尼的诱惑

耶罗尼米斯·博斯
1500年 木板油画
131.5cm×119cm（中间），
131.5cm×53cm（两侧）
里斯本国家古代艺术博物馆

　　博斯的另一幅三联画大作《圣安东尼的诱惑》虽和《人间乐园》主
题不同，风格却有异曲同工之妙，画面充满怪诞气息。

　　在后世的作品中，我们可以不断地看到博斯的影子，如达利，如米
罗（Joan Miro），可见这位神秘的艺术家的影响力。他留下的旷世杰作
也将继续为后来的研究者提供不竭的课题。

MUSEO DEL PRADO

普拉多随记

　　我参观普拉多博物馆的时间很早，大约近30年前。那时的我很年轻，刚出国不久，之前未受过什么艺术教育，不太懂艺术。我当时在葡萄牙做学术访问，因为去马德里看望朋友，普拉多博物馆名气很响，就去参观了。然而观后却不那么满意，感觉那些展出的画色调很沉，题材大都与宗教有关，看起来闷闷的。至少当时的我没有被那些画打动，出来感到收获不大。可是，在后来漫长的欧洲生活中，欧洲文化和艺术滋润着我，我不断接触到各种优秀的绘画作品，对作品的理解也越来越深，并且知道了其中很多作品都藏于普拉多博物馆。我便知道自己之前那次对普拉多的访问没有做好准备，错过了一次艺术洗礼。当我再有机会回到马德里时，是一次转机中的5小时空档。因为时间太短，我又特别想去看在藏有毕加索《格尔尼卡》(*Guernica*)的索菲亚王后艺术中心举办的达利巡展以及未曾踏足的另一著名的博物馆提森，再次没能深探普拉多，只能等待下次机会。这让我感到，认识一个博物馆也不容易，普拉多就是这样一个含蓄而深藏却值得探求的宝库。

Collection 4 　美 景 宫 美 术 馆

ÖSTERREICHISCHE GALERIE BELVEDERE

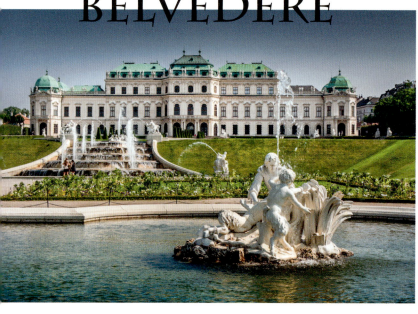

奥地利美景宫美术馆外观

　　美景宫美术馆（Österreichische Galerie Belvedere）是一处位于奥地利首都维也纳的艺术品收藏地，藏品包括从中世纪和巴洛克时期直到21世纪的杰作，重点是19世纪末和新艺术运动期间的奥地利画家，其中最有名的艺术家当属古斯塔夫·克里姆特（Gustav Klimt）和埃贡·席勒（Egon Schiele）。

奥地利的画魂——克里姆特

　　古斯塔夫·克里姆特，奥地利著名象征主义画家。他创立了维也纳分离派，也是维也纳文化代表人物。他探索装饰性和象征性相结合的表现风格，借用工艺的手法，用羽毛、金属、玻璃、宝石等材料通过平面化的装饰图案实现他的艺术创作，使其作品具有华丽的装饰效果。他的作品结构细致，除人物面部和身体裸露皮肤以具象进行写实塑造，其余的服饰和背景都抽象成各种几何图案，营造多样变化和谐统一的美感，使抽象和具象在他的手中糅合得天衣无缝。他的有关生死性爱的主题隐藏在充满抽象、华丽和神秘的氛围中，那绚烂豪华的外表下却蕴含深层次的苦闷、悲痛与死亡的悲剧气息。他的作品大多数毁于第二次世界大战的战火，但留存下来可向我们展示其过人的艺术才华和深刻的哲学思考的作品就已经令人惊叹。就凭这点，这家博物馆就很了不起了。

穿蓝色工作服的克里姆特

埃贡·席勒
1913年
纸上铅笔、水粉
48.1cm×32cm
私人收藏

　　美景宫美术馆中最著名的藏品可能要数克里姆特的《吻》（*The kiss*）。画面以金色作背景底纹，地上则是充满生机而又浪漫的彩色小花。各式黄色纹样图案构成的衣饰包裹着人物的优雅形象，令整个画面显得高贵华丽、金碧辉煌。男性的衣袍上显示的是黑白相间的方形图案，而女性的衣裙上却是彩色的圆形图案，分别象征着男性的刚强和女性的柔和，在两人结合部还有方圆的过渡。男女之吻合从面部的直白陶醉到服饰的暗喻，都表现得既不落俗套又生动贴切。压抑不住的生命力量在象征丰满的彩色大地上茁壮成长，并且在热烈的金黄色裹挟中予以喷薄而出。

　　这幅作品是克里姆特的代表作，非常恰如其分地反映了他的艺术理念。这个表达其实很数学，很容易让人联想起数学中的卷积。卷积是通过两个函数生成第三个函数的一种数学算子，即经过翻转和平移的重叠部分函数值乘积对重叠长度的积分。画中的两个人就像两个函数，包裹着的轮廓就像积分把他们糅合起来。

吻

古斯塔夫·克里姆特
1908—1909年
布面油画　180cm×180cm
维也纳美景宫美术馆

　　《女人的三个阶段》（*The Three Ages of Woman*）是克里姆特的另一幅名画。这
是一首沿着时间的人生三部曲，画家运用象征的手法将女人的一生——幼年、青年和老
年三个阶段浓缩在一幅画中。他在彩带和屏布加上拥抱，使这三个阶段既胶着又连结，
表现出对生命延绵的思考和对时光流逝的感伤。和《吻》的灿烂夺目不同，三个阶段
的背景选用土地色系，图案用的是流动感很强的圆点，反映出一种深深的宿命感。这
回，卷积的是三个函数。

向日葵

古斯塔夫·克里姆特
1907年　布面油画　110cm×110cm
维也纳美景宫美术馆

女人的三个阶段

古斯塔夫·克里姆特
1905年
布面油画　180cm×180cm
罗马国家现代艺术美术馆

《向日葵》（*The Sunflower*）是美景宫美术馆收藏的极有代表性的风景画作品，作者分别是克里姆特与席勒。这两幅作品是一幅生动的数学"分布"图。克里姆特的画表现的是藏于百花丛中的向日葵，其他各色的小花和大量的绿叶衬托着向日葵，颇有"她在丛中笑"的意境，疏密不一的花团形成一种很有装饰性的画面。

花瓶里的向日葵

文森特·梵高
1888年
布面油画　92.1cm×73cm
伦敦英国国家美术馆

向日葵

埃贡·席勒
1911年
布面油画　90cm×80.3cm
维也纳美景宫美术馆

　　相比文森特·梵高（Vincent van Gogh）的一朵朵像熄灭了的太阳的《向日葵》，克里姆特的《向日葵》更充满生机和希望。埃贡·席勒的《向日葵》则很"阴"，完全是另一种风格。葵花藏在厚厚的叶子后面，偶露峥嵘。表现主义风格明显，画家个人特色突出。

奥地利的画灵——席勒

埃贡·席勒，奥地利绘画巨子，克里姆特的学生，维也纳分离派重要代表，20世纪初期重要的表现主义画家。席勒的作品表现力强烈，扭曲的肢体、神经质的线条和对比强烈的色彩营造出诡异而激烈且令人震撼的画面，表现出一种末日般的痛苦挣扎。

61

奥地利绘画的魂与灵不仅有自然的传承和发展，还有互相之间深刻的理解和展现。这种惺惺相惜表现在席勒为克里姆特画的那幅画像《穿蓝色工作服的克里姆特》（*Klimt in a light Bluc Smock*）上。这幅画非常简洁，一如席勒的风格，然而那种藏于画面背后、挣扎着要溢出画面的情感又是克里姆特绘画作品的特点。

自画像

埃贡·席勒
1912年
木板油画
32.2cm×39.8cm
维也纳利奥波德博物馆

美景宫美术馆收藏不少席勒的作品，其中有一幅叫《家庭》（*The Family*）。对比他的自画像，我们有理由相信，这幅作品是他的全家福。一家三口三种肤色，且都布满神秘的花纹，但男人的健硕、女人的丰腴以及孩子的稚嫩都有被呈现出来。三个人构成一个塔形结构，隐含着每个角色的职能以及他们之间的关系。

1918年秋天，西班牙流感席卷欧洲，当然也传到维也纳。席勒的妻子因流感而过世；仅仅3天后，席勒也因患流感病逝，年仅28岁。在这最后的3天之中，席勒画了许多妻子的素描，这些也成为他最后的作品。所以，家在席勒心中的分量可见一斑。关于家，美景宫美术馆还收藏了克里姆特的一幅同主题作品，一如他的哲思风格，在类似被子的深重色块中有3张睡熟的脸，画面含蓄而悠远。

家庭

埃贡·席勒
1918年
布面油画
150cm×160.8cm
维也纳美景宫美术馆

家庭

古斯塔夫·克里姆特
1909—1910年
布面油画　90cm×90cm
维也纳美景宫美术馆

博 物 馆 艺 术 拾 珍

ÖSTERREI -CHISCHE GALERIE BELVEDERE

奥地利美景宫随记

奥地利是我一次驾车横扫欧洲内陆旅游的一站，去了维也纳和萨尔茨堡，在维也纳待了一天。由于维也纳是音乐之都，所以除了参观以茜茜公主闻名的奥地利皇宫外，其他活动都和音乐有关，主要听了一场室内音乐会和参加了一些广场音乐活动。美景宫只是路过，没有仔细看。后来看到克里姆特的作品，非常喜欢，也知道美景宫最有名、最全的收藏就是克里姆特的作品，觉得有点遗憾。不过生活就是如此，你不可能每步都到位。你的知识和见解是随着你的阅历和学习慢慢增长的，旅游中有遗憾是常态。

柏 林 博 物 馆 岛

BERLINER MUSEUMSINSEL

柏林博物馆岛

柏林博物馆岛（Berliner Museumsinsel）是一个博物馆群，包含老博物馆（Old Museum）、新博物馆（New Museum）、柏林埃及博物馆（Egyptian Museum of Berlin）、国家画廊（Alte Nationalgalerie）、柏德博物馆（Bode Museum）和帕加马博物馆（Pergamon Museum）等。这些都是艺术博物馆，根据时代和种类各司其职。这些博物馆形态各异又和谐统一，施普雷河从两侧流过，形成一种独特的文化氛围。

博物馆最早是德国的"皇家橱柜",有过辉煌的收藏。这组经过上百年历史建造完善起来的建筑群在第二次世界大战中惨遭浩劫,很多馆中藏品因被纳粹标上"危险的艺术"而遭到转卖或毁掉。后来,战火又导致大部分博物馆建筑被炸毁。为避轰炸,藏品被打包转移,大多数去了外地。第二次世界大战后,东西柏林分裂,博物馆中的藏品分散在东西柏林多处,也有很多作品作为战利品到了苏联,后来有一些返回了东德。战后损坏的建筑物更是失修难复。东德、西德合并后,德国启动一个大师计划,斥巨资对博物馆进行重新修复,并将以前的藏品整理归位。尽管已经初见成效,但这巨大工程的完成还需时日。

德国式的哲理画

博物馆整理出来的绘画展品已是精彩纷呈,包括卡拉瓦乔(Michelangelo Merisi da Caravaggio)、克劳德·莫奈(Claude Monet)、皮埃尔–奥古斯特·雷诺阿(Pierre-Auguste Renoir)、保罗·塞尚等大师的作品。这里,我们只能欣赏其中万分之一,以"德国语区"为重点。先来看一下德国早期被认为当时最重要的浪漫主义风景画家弗里德里希。

卡斯帕·大卫·弗里德里希(Caspar David Friedrich)出生于富裕家庭,然而死亡的阴影却伴随着他的成长。他7岁时,母亲去世,不久两个姐姐相继离开人间。最让他内心隐痛的是兄弟的死,哥俩一同去滑冰,兄弟为救他而亡。20岁时,他去了哥本哈根留学,后来定居德累斯顿,1816年起在德累斯顿学院任教。

弗里德里希说:"当你闭上肉体的眼睛,你就第一次能够用心灵的眼睛观察你的绘画。"他一开始用铅笔绘制风景,直到1807年才开始进行油画创作。他的作品虽属风景画，但其作品散发的冷寂寞落的氛围和神秘虚幻的宗教气息开辟了风景绘画的新领域：将自然的风光提升到精神的高度。其画中的风景与其说存在于现实自然中，不如说存在于人们的心灵中。所以，他画的风景可能很难说出是什么地方的景象，但却令观者有似曾相识的感觉。他认为，风景不是机械地模仿大自然，而是通过"颜色和造型表达出言语所不能表达的东西"。他的作品也是在他逝后才被人理解和认同，直到19世纪晚期，随着象征主义的兴起，他的艺术才

海边的修士

卡斯帕·大卫·弗里德里希
1808—1810年　布面油画　110cm×171.5cm
柏林德国国家画廊

受到人们高度评价。今天，他的风景画仍是浪漫主义的代表。

柏林博物馆岛上的德国国家画廊收藏了弗里德里希的《海边的修士》（*Monk by the Sea*）。有评论说："在无边的孤独之中，在阴沉的天空下面，在海边眺望无边无际的水面，那真是太美了。"在这苍茫的画面中，水天一色，渐明的云将天拉到无限，已被压缩到很小、好似站在孤岛上的人在大自然中的孤独和渺小令人胆怯，让人不由联想到中国古代著名诗人陈子昂的《登幽州台歌》：

前不见古人，后不见来者。
念天地之悠悠，独怆然而涕下！

中国的古诗人和德国的画家，跨过时间和空间，用这种方式进行灵魂对话，真是让人动容。

弗里德里希还有一幅很有名的作品《吕根岛的白垩崖》（*Chalk Cliffs on Rugen*），这幅画与他走出阴霾、开启幸福生活有关。

弗里德里希结婚很晚，44岁才完成人生的重要一步。这幅画是他新婚蜜月时到访新勃兰登堡与格赖夫斯瓦尔德的记录。在没有相机的时代，画家就用画笔记录下他的甜蜜时刻。这幅画和其大多数色彩沉重的画不同，色调明快而温暖，但人物仍然不敌大自然而被挤在画面底部。画家巧妙地利用因被太阳照亮而泛着晶莹的白垩崖和崖边的树组成门的形状，透过白崖的水面和其上的帆影标识着进入的方向，好似画中人正在一个新世界的入口处。女主角手指前方，男主角俯下身来，似乎正在探索。新娘衣服的红色和水面的暖色都预示着画家心中美好的未来。这个不同凡响的画面传达着充满希望的寓意。

吕根岛的白垩崖

卡斯帕·大卫·弗里德里希
1818年 布面油画 90cm×70cm
瑞士温特图尔奥斯卡·莱因哈特美术馆

博物馆里还收藏着德语区的一些重要画家的作品，瑞士画家勃克林的著名画作《死亡之岛》（ *The Island of Life* ）也是不可错过的经典作品。

阿诺德·勃克林（Arnold Bocklin），瑞士象征主义画家，生于巴塞尔，后就读于杜塞多夫美术学院。他的作品多为富有深刻哲理的想象风景画和神话题材作品。《死亡之岛》是他埋葬小女儿时有感而作，也成为他最著名、最受争议且最精彩的作品。事实上，他在1880—1885年就这个题材画了至少5个版本。他的作品洋溢着迷幻气氛、神话色彩及奇异风格，是象征主义的典型。相比之下，弗里德里希笔下的风景虽然比较"想象"但还属人间，勃克林的风景可能只存在于另一个世界了。

死亡之岛3

阿诺德·勃克林
1883年
木板油画　80cm×150cm
柏林德国国家画廊

在《死亡之岛》系列中，细节和主色调虽有不同，好像对应一天的几个不同时辰，但框架都差不多。一个孤立封闭、阴森恐怖的小岛，只有入口，没有出口。四周为悬崖峭壁，内部黑不可测。白衣死神静立于一艘小船的船首，将新鬼渡入其中。柏林德国国家画廊收藏的这个版本，主色调偏青灰，光线稍亮，好像是上午。这幅充满哲学思考的画作直击最本源的哲学话题——生与死。

当然，勃克林也创作了关于生的作品《生命之岛》（The Isle of Life）与之对应。《生命之岛》也是一个岛屿，不过这个岛是个开放的岛。岛上的植物生机勃勃，画中还有欢快的人群。岛边水中有在欢娱的男女和天鹅，云水间生意盎然。有意思的是，《死亡之岛》里有人工建筑，而《生命之岛》里没有。勃克林想说明什么，建筑是坟墓？不管怎样，勃克林用他自己的方式对生与死主题交出了他的哲学答卷。

生命之岛

阿诺德·勃克林
1888年
木板油画
93.3cm×140.1cm
巴塞尔美术馆

老勃鲁盖尔和他的寓言画

　　作为世界性的博物馆，博物馆岛馆藏中自然有大量世界级大师的作品，老勃鲁盖尔就是其中之一。

　　老彼得·勃鲁盖尔（Pieter Bruegel the Elder），16世纪尼德兰地区最伟大的画家之一。他的艺术创作植根于世俗生活，人们称他为"农民的勃鲁盖尔"。他善于思想，天生幽默，喜爱夸张的艺术造型，因此人们又赠他一个外号"滑稽的勃鲁盖尔"。他是欧洲美术史上第一位"农民画家"。博物馆岛上的德国国家画廊收藏了他的《尼德兰寓言》（*Netherlandish Proverbs*）。

　　《尼德兰寓言》是老勃鲁盖尔系列乡村风俗画的典型代表，他用类似于卡通的笔触聚焦一个小集市及其周边的乡村景象，色彩艳丽活泼，有点夸张的人物生动有趣。这些乡村小镇上的男女老少，好像还有从战场归来的士兵，或交易，或烹饪，或屠畜，或挖地，或剪毛，或表演，或祷告，或算命，或聊天，或玩耍，远处或耕作，或起航。整个画面有近百个人物和动物形象，乱中有序，细致朴质，精彩纷呈，好一幅乡村生活的全景图。

　　不过，这幅画的寓意除了表面看到的乡村生活图景，还包含着更深刻的含义。寓言画在当时很流行，画家们去图解寓言也很流行。老勃鲁盖尔也画了《大鱼吃小鱼》（*The Big Fish Eat the Little Fish*）《盲人领路》（*The Blind Leading the Blind*）等寓言画。这幅大型风俗画里集合隐藏了大量的寓言和成语，让人惊叹。以下截取了部分，大家还可以找到更多。

尼德兰寓言

老彼得·勃鲁盖尔　1559年　木板油画
117.2cm×163.8cm　柏林德国国家画廊

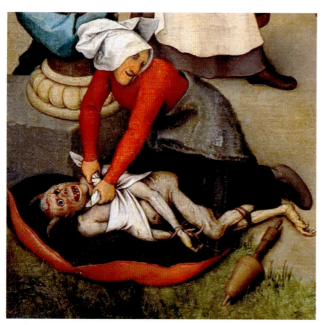

左下 To be able to tie even the devil to a pillow.
将魔鬼摁在枕头上

顽固克服任何事

左下 To be a pillar-biter.
咬柱子的人

做宗教伪君子

左中 To count one's chickens before they hatch.
还没孵出来就开始数鸡

守株待兔

左下 Never believe someone who
carries fire in one hand and
water in the other.
不要相信一手持火一手提水
的人

不信两面三刀之人

左上 To lead each other by the nose.
牵着其他人的鼻子

瞒天过海

左上 The die is cast.
骰子已经投出

决定已做

左上 Fools get the best cards.
笨蛋得到最好的牌

走狗屎运

中 Two fools under one hood.
蠢货同帽

物以类聚

中 It grows out of the window.
它都长到窗外了

纸包不住火

中上 To play on the pillory.
在示众枷锁里演出

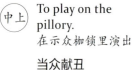
当众献丑

中上 To hang one's cloak according to the wind.
迎风扬起外套

跟风

右中 To drag the block.
拖根大木头

因爱盲目

右中 Fear makes the old woman trot.
害怕能使老妇人跑起来

狗急跳墙

右上 Horse droppings are not figs.
马拉出来的不会是无花果

别拿我当三岁孩子

右上 Where the carcass is,
there fly the crows.
有尸体的地方就有乌鸦飞

趋之若鹜

右 It is ill to swim against the current.
逆流而游是有病

倒行逆施

右 To throw one's cowl over the fence.
将僧袍扔过栅栏

不计后果

中 To confess to the devil.
向魔鬼坦白

认贼作父

除了乡村风俗画，老勃鲁盖尔还画了很多神话题材的作品，《巴比塔》（*The Tower of Babel*）是这类题材中的杰作。有关这个主题，老勃鲁盖尔画了好几个版本，最早的象牙版本已遗失，留下来的有大小两个油画版本。这两个版本的视角、建筑都有不同，更出名、更漂亮的是大版。

《圣经·旧约·创世记》第十一章：当时，人类联合起来兴建能通往天堂的高塔——巴比塔；为了阻止人类的计划，上帝派使者下凡混乱了人类的语言，使之不能沟通，建塔计划因此失败，人类从此各散东西。

创作过同一题材的还有荷兰图形艺术家莫里兹·利斯科内·埃舍尔（Maurits Cornelis Escher），他创作了大量数学味十足的画。他的《巴比塔》通过隐喻的形式，用一个特殊的透视技巧，将视线从上而下聚焦在地面上，即鸟瞰正在兴建中的巴比塔，好像是用上帝的眼光来审视人类的工作，以此来表现我们所不可及的高维空间。

巴比塔

莫里兹·科内利斯·埃舍尔
1928年 版画 64.5cm×55cm
伦敦大英博物馆

巴比塔（大）

老彼得·勃鲁盖尔
1563年
木板油画　114.4cm×155.5cm
维也纳艺术史博物馆

巴比塔（小）

老彼得·勃鲁盖尔
1568年
木板油画　59.9cm×74.6cm
鹿特丹博伊曼斯·范伯宁恩博物馆

博 物 馆 艺 术 拾 珍

BERLINER MUSEUMSINSEL

柏林博物馆岛随记

柏林我至今只去过一次。我去西柏林很早，约在30年前，当时将东德、西德隔开的柏林墙刚刚开了个口子。那次去德国，我转了很多西德的博物馆，如慕尼黑、伯恩等地的博物馆，看到一些暂时避难于此的藏品。当时，这座博物馆岛位于东德管辖范围内，作为外国人，还不能随便过去。我只能遥望那些著名的博物馆，无缘参观，但我参观了尚在摧毁中的柏林墙以及上面可以摘入历史的漫画。可叹政治原因造成的文化隔离是人类发展的巨大障碍，希望这样的悲剧不再重演。

Collection 6 荷兰国立博物馆

RIJKS MUSEUM

荷兰国立博物馆外观

　　位于荷兰首都阿姆斯特丹的荷兰国立博物馆（Rijks Museum）是荷兰最大的博物馆，也是欧洲著名博物馆。它以收藏荷兰黄金时期，包括伦勃朗、约翰内斯·维米尔（Johannes Vermeer）、弗朗斯·哈尔斯（Frans Hals）等的杰作而闻名。博物馆中最负盛名的无疑是伦勃朗的巨幅油画《夜巡》（The Night Watch）。此外，博物馆还陈列着众多引人入胜的有荷兰特点的珍品。

　　荷兰王室为了预防其艺术藏品流失，于1800年在海牙设立皇家艺术展览室，1808年将之迁至阿姆斯特丹并增加了收藏，1809年在皇宫开馆。经历了几次迁址和划分藏品后，博物馆于1885年搬至现址并对外开放。馆内设有80多个陈列室，分别为绘画、雕刻、装饰工艺、荷兰历史、亚洲艺术、版画等主题。其中，绘画部门所占比例最大，是该馆的核心部门。绘画以17世纪荷兰画派作品为主，从中可了解荷兰绘画发展的全貌。

荷兰黄金时代指17世纪前后，当时荷兰在贸易、科学与艺术等方面引领世界，那个时期被视为荷兰的巅峰时期。享誉国际的荷兰著名画家维米尔因作品稀少被各地重要的博物馆争先收藏（已在收敛篇里介绍过），荷兰国立博物馆反而不是其收藏重地。虽然那个如雷贯耳的梵高是荷兰人，但因其作品很难收藏，任何一家博物馆只要收有一幅他的画，就能挤入第一流的行列。除了有专门博物馆，梵高的作品在收敛篇已有介绍。因此，在荷兰国立博物馆这里，我们主要介绍荷兰黄金时代的画家。

镇馆之宝——如雷贯耳的《夜巡》

《夜巡》是一幅伟大的作品，但它却给伦勃朗（画家介绍见收敛篇）带来了巨大的逆境。事情发生在1642年，伦勃朗当时36岁。那年，有16个民兵射手每人出100荷兰盾，合资请伦勃朗为阿姆斯特丹民兵队画一幅集体画像。射手们理所当然地认为，自己与其他人应站在同样重要的位置。然而，伦勃朗却没有附庸习俗地把射手们安排在狂欢的豪华宴会中，也没有把众多人物并列起来，傻傻地处理成一排肖像。伦勃朗设计的情景是：民兵队接到了报警，他们准备出发去查看，队长在交代任务，有人在擦枪筒，有人在扛旗帜，周围又有一群孩子在看热闹。画家对构图进行了精心设计，尽量使每个人都有自己的安排且错落有致，画面人物众多却繁而不乱，整个场景有层次感又富有戏剧性，同时还使中心人物民兵队长柯克中尉及副队长极为突出。画面光和色彩的表现令人惊叹，几乎看不出光源，却明暗分明。事实上，原画表现的是白天，因画长期被烟熏，颜色变黑而被人们误称为"夜巡"，但正是因为如此，给人一种诡谲梦幻的感觉。但这幅杰出的画作却没有给画家带来运气，因为它满足不了射手们的趣味。那16个

夜巡

伦勃朗·凡·莱因
1642年
布面油画　379.5cm×453.5cm
阿姆斯特丹荷兰国立博物馆

庸俗的民兵射手认为画家没有把他们的地位摆平等，大家都是出了100盾，凭什么画中人物形象的明暗大小都有所不同。他们要求画家重画。出于对艺术立场和创作方法的坚持，伦勃朗加以拒绝。于是，射手们将伦勃朗告上法庭，闹得沸沸扬扬。这场纷争导致画家迅速陷入不幸之中。整个城市都嘲笑伦勃朗，使他不得不面对无人买画的绝境，在贫困中度过余生，"像乞丐般下葬"。直至百年后，这幅名画才重新大放光彩。

现实主义的代表人物——哈尔斯

弗朗斯·哈尔斯（Frans Hals）是荷兰现实主义画派的奠基人，也是荷兰黄金时期杰出的肖像画家。尽管他一直有接到订单，为贵族和知名人士画像，但后来他年岁大了画不动了，又摊上几桩官司导致破产，甚至要靠政府救济金生活，最后死于贫困潦倒。他也有个个人博物馆，在荷兰哈勒姆。

哈尔斯留下了大量的肖像画，其中一部分也是为城市民兵画的集体画像。荷兰国立博物馆收藏了他的《米格瑞民兵队》（*The Meagre Company*，全称 *Militia Company of District XI under the Command of Captain Reynier Reael*）。画中有16人，两人坐着，其余都站着，扛着旗子、戟和矛。哈尔斯喜欢用明亮的光，这些民兵的站位虽然有错落，但基本是"照相模式"，所有人几乎同等着墨。如果说伦勃朗的作品是数学中的"正态分布"，那么哈尔斯的作品就是"均匀分布"。这大概就是民兵队所希望的模式。所以，我们可以理解为什么伦勃朗的《夜巡》不能被他的绘画委托对象所接受。过了这么多年，从观者的角度来看，我们能明白为什么《夜巡》更受后人

青睐而成为世界名画，因为它更有故事感，更有神秘气氛，也更耐人品赏。除了那以暗突出主题的光线处理，人物的主次层次更扩展了空间和时间。

　　哈尔斯的肖像画在没有照相机的年代的确很流行。他的肖像画技艺也影响深远，不过他也有很多肖像作品画得像风景照片。荷兰国立博物馆收藏了一幅《年轻夫妻肖像》（*Portrait of a Couple*）。这幅结婚照般的肖像画被放到了户外树下，远处还有风景，人物也不呆板，互相依偎，笑意吟吟，喜形于色，非常可爱。

米格瑞民兵队

弗朗斯·哈尔斯　1637年
布面油画　209cm×429cm　阿姆斯特丹荷兰国立博物馆

年轻夫妻肖像

弗朗斯·哈尔斯
1622年 布面油画
140cm×166.5cm
阿姆斯特丹
荷兰国立博物馆

隐姓埋名的女画家——雷瑟特

在艺术史上，伟大的画家往往是男性，女性画家凤毛麟角，但有一个女画家却不让须眉，她就是朱迪斯·雷瑟特（Judith Leyster）。荷兰国立博物馆收藏了她的代表作《小夜曲》（Serenade）。

雷瑟特是荷兰黄金时期的画家，和哈尔斯同时代。有意思的是，她的杰出画作一直被当作哈尔斯的作品或者她同为杰出画家的丈夫扬·米恩瑟·莫勒纳尔（Jan Miense Molenaer）的作品。也许当时的绘画市场不接受女性的作品，直到200年后，这件杰作的作者才重见天日。重见天日的关键是画中隐藏的签名。这是一个非常有个性的签名——JL*，原来 "Leister" 在荷兰语中意思是 "Lead Star"，即引领之星的意思，在船员们心中就是北极星，因此雷瑟特为自己设计了这样的签名。别人却没看懂，签名还隐藏在画中，以至于她的作品被埋没了多年，而且画的真伪还引发了许多官司。

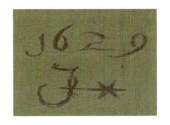

雷瑟特的签名

雷瑟特和她的丈夫是比翼双飞的夫妻，有点像我国历史上的李清照与赵明诚夫妇。据说他们都是哈尔斯的学生，才华横溢的两人共用一个画室，人们相信他们很多作品都是合作的，不知有没有像李清照夫妻那

自画像

朱迪斯·雷瑟特
1630年　布面油画
74.6cm×65.1cm
华盛顿美国国家美术馆

样比过才。在星光灿烂的荷兰黄金时期的画家中，雷瑟特这颗北极星也熠熠生辉。雷瑟特画中的人物活泼生动，有着一种不同寻常的幽默。不同于其他的肖像画，她在自画像里把自己和她的画作画到了一起，但画中的她又没有处于紧张工作的状态，给人一种很放松的感觉，她甚至身着盛装，更像是要去参加舞会而不是在工作。她的画笔和画盘与她画中那位拉小提琴的音乐家手上的琴弓和提琴形成一种数学映射，非常有趣。

　　为了进一步了解这位非凡的女画家，我们再来欣赏她的两幅肖像画。一幅是《快乐的情侣》（*The Happy Couple*），另一幅是《小夜曲》。雷瑟特的画中人物大多数都像《快乐的情侣》里的那对情侣，胖乎乎、乐呵呵，如同画题，一人拉琴，一人斟酒，快乐的气氛溢出画面。

　　《小夜曲》是雷瑟特的另一幅代表作，这幅画稍严肃忧郁些。弹着鲁特琴的歌手凝视远方，远方的光线照亮了他的脸。他的目光幽远而飘逸，一定是想把弹唱的曲子送给远方的爱人，对照莫勒纳尔的自画像，即可心领神会。

自画像（抽烟的人或带烟斗和书的画家）

格里特·道
1650年　木板油画　48cm×37cm
阿姆斯特丹荷兰国立博物馆

夜校

格里特·道
1660—1665年　木板油画　74cm×64cm
阿姆斯特丹荷兰国立博物馆

壁龛烛光画家——格里特·道

　　格里特·道（Gerrit Dou）是出生在莱顿的荷兰画家，也是荷兰黄金时期的最著名的画家之一。他师从伦勃朗，其早期作品深受伦勃朗的影响。他擅长表现日常生活，以错视"壁龛"和夜晚蜡烛的明暗对照法而闻名。他创作的《自画像》[又叫《抽烟的人》（Man Smoking a Pipe）或《带烟斗和书的画家》（Painter with a Pipe and Book）] 是典型的壁龛画，而《夜校》（*The Night School*）则是典型的夜晚蜡烛画。这两幅画都收藏在荷兰国立博物馆里。

《夜校》描述了在没有电灯的年代一所夜校内的情景。整个画面很昏暗。在昏暗中，有两支蜡烛和一个放在地上的马灯照亮了一群在刻苦学习的人。这里有长有少，有男有女，两位男女长者看来是老师，正在指导几个孩子读书写字。尽管条件有限，但画中人的认真和专注却让人感动。令人印象深刻的是处理光线的明暗对照法，让人想起同时代的法国画家乔治·德·拉图尔（Georges de La Tour）的类似表现手法。

冬季风景画大师——阿维坎普

荷兰的冬天很长，荷兰的冬天风景自然为画家们所爱，阿维坎普是其中的佼佼者。

亨利克·阿维坎普（Hendrick Avercamp）是一位出生于阿姆斯特丹的荷兰黄金时期的冬季风景画大师。他创作了大量的作品，荷兰国立博物馆收藏了不少，分布在海外的更多。英国女王伊丽莎白二世就在英格兰的温莎城堡里专门收集他的作品。阿维坎普的作品受到大家的普遍喜欢，如《有滑冰者的冬天风景》（*Winter Landscape with Ice Skaters*）。画中人物众多，视野宽阔。在冰天雪地中，人们在村庄的空地的冰上尽情地嬉戏，有滑冰的，有打冰球的，有拉雪橇的，做着各种冰上游戏，当然，也有干活的，跌跤的，观看的。人物姿势各异，生动活泼，非常耐看。

有滑冰者的冬天风景

亨利克·阿维坎普
1608年
木板油画　77.3cm×131.9cm
阿姆斯特丹荷兰国立博物馆

荷兰黄金时代的标志——海洋画

　　说到风景画，就不能不提荷兰是濒临海洋的国家。荷兰曾称霸海洋，其黄金时代更是因为海洋而产生。于是，荷兰专门有一批画家被称为"海洋画家"。这些画有平静海面上的云淡风轻，有风浪中的船只颠簸，有暴雨过后的喘息，也有壮美大气的海天舰帆。我们来欣赏一下荷兰国立博物馆内两幅荷兰海洋画家的作品，一幅和荷兰的标志——风车有关，另一幅和海战有关。它们是雅各布·凡·勒伊斯达尔（Jacob van Ruisdael）的《韦克比基杜斯特的风车》（*The Windmill at Wijk bij Duurstede*）和小威廉·凡·德·维尔德（Willem van de Velde the Younger）的《开炮》（*The Cannon Shot*）。两幅画都是荷兰特色的杰出缩影与记录。

韦克比基杜斯特的风车

雅各布·凡·勒伊斯达尔
1668—1670年
布面油画　83cm×101cm
阿姆斯特丹荷兰国立博物馆

开炮

小威廉·凡·德·维尔德
1860年
布面油画　78.5cm×67cm
阿姆斯特丹荷兰国立博物馆

博 物 馆 艺 术 拾 珍

RIJKS MUSEUM

荷兰国立博物馆随记

我曾经去莱顿大学学术访问一周，期间去了阿姆斯特丹一天。那时，我很崇拜梵高，所以在那一天花了较长时间待在梵高博物馆，痴迷于他的向日葵。我几乎确定当时是观赏到了他的《星夜》，并几乎被他留在画中的永恒的激情摄了魂。后来知道那幅画被纽约现代艺术博物馆收藏，估计当时看到的是巡展中的画。那天剩下的时间去了安妮故居，以及阿姆斯特丹的著名地标。所以，在荷兰国立博物馆只待了很短的时间。后来知道了这家博物馆收藏了荷兰黄金时代的最好作品，挺后悔当时没有很好地规划，只能等下次机会再去详细欣赏。

卡 比 托 利 欧 博 物 馆

CAPITOLINE MUSEUMS

卡比托利欧博物馆外观

　　卡比托利欧博物馆（Capitoline Museums）位于意大利首都罗马，坐落在卡比托利欧山山顶的卡姆皮多哥里欧广场（Piazza del Campidoglio）上，是一座包容多国艺术和考古文化的博物馆。博物馆由环绕卡姆皮多哥里欧广场的三座主要建筑——元老宫、保守宫、新宫，毗邻的建筑，以及连接它们的地下长廊组成。主体建筑历经400余年的修建才完成，元老馆和保守馆由米开朗基罗设计。博物馆的主要藏品多为古罗马时期的，也有古希腊或古埃及的雕像。除了雕像，博物馆还收藏铭文、工艺品、绘画、宝石和钱币等珍贵文物。

卡比托利欧博物馆内景　　　　　　　　　　　广场上的马可·奥勒留骑马像（复制品）

记载罗马起源传说的雕塑

　　博物馆收藏着一尊青铜雕像《罗马母狼》（*She-wolf of Rome*），它是罗马的标志。其中的母狼大约制作于11—12世纪，双生子制造于15世纪。母狼身下的一对可爱的男婴罗慕路斯（Romulus）和雷慕斯（Remus），正在贪婪地仰头吮吸它的乳汁。早先，人们认为母狼大约是公元前5世纪的作品，因为史书上早就有这头母狼雕像的记载，但后来的科技手段证明这尊母狼雕像在1021—1153年制成，母狼的作者不详，那对男婴雕像是文艺复兴时期佛罗伦萨艺术家安东尼奥·波拉约洛（Antonio Pollaiolo）后来补上去的。母狼形象高大，身材修长，由于正在哺育婴儿而略显消瘦，但它四肢健壮，四爪紧抓地面，两耳竖起，嘴略张，牙齿微露，双目圆睁，直视前方，带着一股沉着、冷静与警觉。

　　关于这个雕像的传说有许多版本，其中一个是这样记载的：古罗马阿拉巴隆加（Alba Longa）国王努米托（Numitor）的弟弟阿穆留斯（Amulius）囚兄篡位，逼迫努米托的女儿雷亚·西尔维亚（Rhea Silvia）做了不得结婚的女祭司，并将她囚禁在孤塔中。战神马尔斯（Mars，对应希腊名为阿瑞斯）无意间闯入塔中，与西尔维亚相爱，两人生下一对双生子。

阿穆留斯得知后，命人将孪生兄弟投入正在泛滥的台伯河。两个男婴漂到岸边，被一只母狼救起，母狼用乳汁喂养这对双胞胎。后来，两个孩子被一牧羊人发现，牧羊人惊为奇观，将其收养。两个孩子长大后领导努米托旧部推翻了阿穆留斯的统治，杀死了阿穆留斯，复辟了努米托的国家。他们决定在遇救的地方重建一座新城。新城建好后，罗慕路斯建立政权并用自己的名字为新城命名罗马。母狼喂养两个男婴的形象也就成了罗马城的标志。

除了城标母狼雕像，卡比托利欧博物馆里到处都是古罗马雕像，虽然不知作者的名字，创作年代也很模糊，但其精美程度令人印象深刻。有神仙，有凡人；有先哲，有君王，还有普通的士兵。

罗马母狼

11—12世纪和15世纪
青铜　高75cm
罗马卡比托利欧博物馆

君士坦丁一世巨型雕像的脚部

公元前313—前324年
大理石
罗马卡比托利欧博物馆

古罗马遗留的残垣浮雕

海洋之神的巨型雕像

公元1—2世纪
大理石　242cm　罗马卡比托利欧博物馆

留名青史的先贤塑像

数学家毕达哥拉斯头像

公元前 5 世纪
大理石　高 49.3cm
罗马卡比托利欧博物馆

　　广为流传的数学家毕达哥拉斯（Pythagoras）的头像原来在这里。毕达哥拉斯出生在爱琴海萨摩斯岛的贵族家庭，自幼聪明好学，曾在名师门下学习几何学、自然科学和哲学。因为向往东方的智慧，他走过万水千山，游历了当时世界上的文明古国，吸收了美索不达米亚和印度的文化。后来，他教授数学，宣传他的哲学思想，组建"毕达哥拉斯学派"。他提出"万物皆数"，发现并深入研究勾股定理：直角三角形的两条直角边的平方和等于斜边的平方，对数学的贡献巨大。

　　古希腊哲学家苏格拉底（Socrates）的头像也在这里展出。苏格拉底，古希腊著名的思想家、哲学家、教育家、公民陪审员。他和他的学生柏拉图（Plato）以及柏拉图的学生亚里士多德（Aristotle）被并称为"古希腊三贤"，被后人广泛地认为是西方哲学的奠基者。据记载，苏格拉底最后被雅典法庭以侮辱雅典神

苏格拉底头像

公元前 4 世纪
大理石　高 54.8cm
罗马卡比托利欧博物馆

苏格拉底之死

路易 - 雅克 · 大卫　1787年
布面油画　129.5cm×196.2cm
纽约大都会艺术博物馆

明、引进新神论和腐蚀雅典青年思想之罪名判处死刑。尽管苏格拉底有逃亡
的机会，但他为维护他所倡导的雅典法律的权威选择饮毒而亡。

　　博物馆外的雕像复制品皆可任风吹雨打，而博物馆内则保存着一些
珍贵的雕像原件。马可·奥勒留骑马像原作是少有的没在中世纪被摧毁
的罗马时期的雕像。

　　马可·奥勒留（Marcus Aurelius），古罗马思想家、哲学家，161—
180年担任罗马帝国皇帝，其代表作品有《沉思录》（Meditations）。他
是著名的"帝王哲学家"，不但是一个很有智慧的君主，同时也是一个很
有造诣的思想家，拥有"恺撒（Imperator Caesar）"称号。纵观整个西
方文明史，马可·奥勒留也可算是一个少见的贤君。他能文能武，不仅
文笔留史，还具有非凡的军事领导才干。随着奥勒留的逝去，罗马的黄

君士坦丁一世巨型头像

313—324年
大理石　高260cm
罗马卡比托利欧博物馆

马可·奥勒留骑马像（原件）

161—180年
青铜　高424cm
罗马卡比托利欧博物馆

金时期也随之结束。

　　古代君主是此馆藏品中的常见主题。博物馆内院里有一尊巨大的君士坦丁一世头像，光是底座就有一人多高。这尊雕像雕刻精美，一代枭雄的神情被表现得淋漓尽致。

　　君士坦丁一世（Constantinus Ⅰ），罗马帝国君士坦丁王朝的开朝皇帝，世称"君士坦丁大帝（Constantine the Great）"。他于324年重新统一罗马帝国。在位期间，他兴建新都君士坦丁堡，推进政治和军事改革，加固帝国的边防，对罗马帝国影响深远。君士坦丁大帝在晚年皈依了基督教，成为第一个皈依基督教的罗马皇帝。

拼杀疆场的普通士兵的艺术留影

皇帝们称王称霸靠的是战争。然而，有战争就会有伤亡。这家博物馆收藏的《掷铁饼姿势的受伤勇士》（*Torso of Discobolus restored as Wounded Warrior*）生动表现了一位勇士在战争中的受伤状态。他的姿势参考了著名的雕像《掷铁饼者》。他的剑已折断，人半跪在地，持盾的手支撑着身体，裸露的身体上可以明显看见剑伤，然而他并没有倒下，而是昂起头颅看着断剑，似乎在积蓄力量准备再度奋起杀敌。勇士的肌肉发达健美，尽管受伤，但身体里的力量仍然强健可触。

如果受伤表现的是战争中的一种常态，那么死亡则是另一种常态。雕刻家也喜欢表现这一主题，《垂死的高卢人》（*The Dying Gaul*）就是有关这一主题的杰作。

掷铁饼姿势的受伤勇士

公元 1 世纪
（公元前 460 年米隆作品的复制品）
大理石 高148cm
罗马卡比托利欧博物馆

公元前230至公元前220年，阿塔罗斯一世（Attalus I）在小亚细亚半岛取得军事胜利，建立强大的帕加马王国，成为希腊化时期经济、文化中心之一，并在公元前2世纪达到鼎盛。在繁荣兴旺的社会环境下，雕刻和其他艺术也发展迅速。约公元前241年，阿塔罗斯一世击退了中欧游牧民族高卢人的进攻。为此，大批的希腊雕刻家被请来制作青铜雕像以纪念战功，但现在这些庆功品都荡然无存了，人们只发掘到一些罗马时期的复制品，最著名的作品就是《垂死的高卢人》。这尊雕像描绘了一位濒死的男子，脖子上拴着绳索，似乎头颅在脖子处被砍断，表情痛苦，正勉强地支撑身体。这是少数表现濒死状态的雕像之一。

垂死的高卢人

罗马时期大理石复制品
（原作为青铜雕像） 高约93cm
罗马卡比托利欧博物馆

CAPITOLINE MUSEUMS

卡比托利欧博物馆随记

　　访问罗马是在2000年初。一入罗马，我就被罗马遍地
的古典雕像及其营造的古典优雅的氛围所折服。要看的东西
太多，我马不停蹄地从一个博物馆赶到另一个博物馆，从一
处古迹奔到另一处古迹，不知疲倦地在全罗马到处奔波。

　　卡比托利欧博物馆，它的"副标题"叫罗马艺术和历史
博 物 馆（Art Museum and History Museum, Roma），
它位于罗马市中心，是一家令我印象深刻的博物馆。这家博
物馆非常具有地域特点，收藏的大多是古罗马时期的作品。
令我吃惊的是博物馆里的古罗马雕像实在太多，随便捡起一
个就是精品。在别的博物馆都可以成镇馆之宝的艺术品，在
这里却似乎随随便便地被放在庭院里、走廊上，好像好东西
太多收拾不过来的感觉。岁月流逝带来的残缺更使得这些精
品具有一种无可名状的沧桑感。开始，我发现很多雕像都标
着"复制品"的字样，心里很纳闷：难道博物馆不都计较是
不是原作吗，复制品也算？再仔细一看，这些复制品都是公
元初古罗马时期的作品，而复制的是公元前古希腊时期的作
品，复制品也是老古董了。后来知道古希腊的精品留存下来
的很少，很多只有记载，不见踪影，能有个复制品就谢天谢
地了！可见，这些复制品的价值极高。连复制品都能达到如
此高的水平，不消说那个时期的雕刻艺术已经达到什么样的
水平。

Collection 8　英国国家美术馆

THE NATIONAL GALLERY,LONDON

英国国家美术馆正门

伦敦英国国家美术馆（The National Gallery, London），又译国家艺廊，位于英国伦敦市中心特拉法加广场北，成立于1824年。1997年与泰特美术馆交换60幅作品，使得国家美术馆的画藏集中在1260—1900年的作品，泰特美术馆则偏向1900年后的绘画作品。美术馆以完全免费的方式向大众开放，除了不定期的特展、巡展。

英国国家美术馆收藏的绘画作品多达2300件。美术馆分有东南西北四个侧翼，展品按照年代展出，从早期文艺复兴时期到艺术全盛时期，包含意大利、德国、荷兰、法国、西班牙等多国的绘画作品。

自领风潮的英国画家

英国本土的画家在此馆占很重要的位置。除了收藏了在泰特美术馆拥有专室的威廉·透纳（William Turner，画家介绍见收敛篇）的作品，还收藏了与透纳齐名的康斯太勃尔的《干草车》（*The Hay Wain*）。

约翰·康斯太勃尔（John Constable），英国皇家艺术学院院士，19世纪英国最杰出的风景画家之一。他出生于英国一个优美的小山村，自然风光塑造着他的人生理念，学画后的他认为临摹古典风景画不如向大自然学习。他的作品朴实、自然、清新，真实生动地表现瞬息万变的自然景色，宛如一曲优美纯净的乡村民歌。其画风对后来法国风景画和浪漫主义绘画产生了很大的影响。

《干草车》是一幅地地道道的英国农村风景生活画，实际上画家画的正是他的家乡。康斯太勃尔饱含深情地绘制了一个英国人心灵深处最爱的乡村生活画面——宁静、清新、质朴、自然。一条小河反射着阳光，平静的河水被一辆涉水而过的拉着干草的马车搅动，加上蓝天上翻滚的白云，使得画面十分灵动。冒着炊烟的茅屋，洗衣的妇女，河边的小狗和远方黄绿的庄稼都充满生活的气息。大车作为画面主角出现，这辆大车上的人马没被突出，但其方向有着很强的隐喻，向着茅屋的方向。茅屋边的大树张开枝叶，像是做出欢迎的姿态。据说这幅画有段曲折的经历，《干草车》最早不是在英国成名，而是先在法国收获好评并

获得金奖，后辗转被英国人买回。

小汉斯·荷尔拜因（Hans Holbein the Younger）是德国出生后定居英国的画家，擅长油画和版画，属于欧洲北方文艺复兴时代的代表艺术家。他最著名的作品是多幅肖像画和系列木版画《死神之舞》（*Dance of Death*），后期创作的肖像画很多与英国王室有关，且可把他算为英国画家。英国国家美术馆收藏了他最有名的肖像画《大使们》（*The Ambassadors*，全名为*Double Portrait of Jean de Dinteville and Georges de Selve*）。

《大使们》又名《两个外交家》，是一幅双人全身肖像。画中人物做照相姿势，对称式分列于一个杂物台的两边，左边是法国驻英大使丁特维尤，右边是外交官、主教塞尔维。画家对人物的刻画非常客观。杂物台上东西虽杂，却颇含深意。台上的天象仪、弹簧秤、地球仪、教科书、琵琶分别代表着宇宙、科学、文明、艺术等。两人的身份都是大使兼主教，政教不分。他们站在这些象征

大使们

小汉斯·荷尔拜因
1553年　木板油画
207cm×209.5cm
伦敦英国国家美术馆

物旁边似乎在表明：精神交流的真谛是文化，是人类共同拥有的智慧。然而，荷尔拜因也调皮地在画面各处留下一些小暗笔，如左上角藏着耶稣受难神像，左边大使的帽檐有个骷髅标记，琴也似乎坏了。特别是两人面前地板上的东西，开始不知是什么，仔细看才发现是个变形了的人头骨。一时间，表面上文化的和谐被深层次血淋淋的现实所破坏，于是战争、灾难以及外交上的剑拔弩张就这样在大使们的从容相谈中被带到了画面上。

荷尔拜因创作的肖像画非常有名且受皇室青睐。他为亨利八世画的肖像画也成为亨利八世的标准照。荷尔拜因在这幅肖像画中，画出了一位君王的威严。魁梧的身架，华丽的装饰，不苟言笑的面容和固执的眼神都在显示：这是位不简单的人。

亨利八世（Henry Ⅷ），都铎王朝第二任君主（1509—1547在位），英格兰与爱尔兰的国王。他在位期间，把威尔士并入英格兰。亨利八世因离婚案与当时的罗马教皇反目，他推行宗教改革，通过系列重要法案将当时英国主教立为英国国教会大主教，使英国教会脱离罗马教廷的管制，自己成为英格兰最高宗教领袖，使英国王室的权力达到顶峰。亨利八世是个传奇的国王，民间传说更多的是他娶妻休妻的故事。普遍认为，英国的宗教改革是由于亨利八世不满天主教的严格的婚姻制度，为离婚另娶与罗马教廷翻脸断交，如愿后杀妻而又杀得不耐烦所致。事实上，他一生娶过六位妻子，尽管比起嫔妃三千的中国皇帝仍是小巫见大巫。除了最后一位妻子因国王先死逃过一劫外，其他几人都命运极惨，有打油诗为证："亨利八世，结婚六次，一死一活，两离婚，两砍头。"（King Henry Ⅷ, to six wives he was wedded: One died, one survived, two divorced, two beheaded）

亨利八世肖像

小汉斯·荷尔拜因
1537年
木板油画
28cm×20cm
马德里提森-博内米萨
博物馆

压箱底的早期珍宝

　　英国国家美术馆早期发展阶段主要从国外购买艺术品，其中一幅重要作品就是弗朗切斯卡的《基督受洗》（*The Baptism of Christ*）。

基督受洗

皮耶罗・德拉・弗朗切斯卡
1437年后
木板蛋彩　168cm×116cm
伦敦英国国家美术馆

皮耶罗·德拉·弗朗切斯卡（Piero della Francesca）出生于意大利中部手工业家庭，文艺复兴初期的画家，也是历史上少有的数学绘画兼通的艺术家。这位富于探索精神的画家非常重视当时兴起的透视法，把它看成是绘画基础，并对此深有研究，他撰写的《论绘画中的透视》（On Perspective in painting）是西方美术史上最早的艺用透视学论著。他在数学上的贡献还有对球体、柱体和多面体的研究，著有多本数学论著。他的作品精彩地诠释了艺术与几何的融合，彰显了他所处时代的知识和精神价值，凝聚了宗教与人文、理性与美学等多方因素。在他的系列宗教画上，几何形式的人物静静地待在严格合乎透视法则的建筑和自然环境中，明丽的色彩创造出一种光的氛围，庄严静穆。他凭借几何结构般严谨的构图和强大的画面感染力在文艺复兴中表现杰出，影响深远。他同时热衷于几何学，是对几何发展做出实质贡献的人。他深信只有在那些极其明晰而纯净的几何物体结构中，才能发现最美的东西。他创造出弗朗切斯卡式的"建筑结构式的构图"。他从数学观念出发，把敏感捕捉光线和色彩与在绘画平面上再现立体空间造型结合起来，形成自己的独特画风。所以，他的画有着数学般完整的形式和出色的空间感，整体看来又有一种不受时间限制的宁静气息。其一生的创作活动毫无疑问是一个从实用画法到数学再到抽象数学思考的演进过程。他的艺术创作注重透视法、人物的庄重造型和光线的表现力，对意大利南部的文艺复兴美术影响甚深。

基督受洗是当时比较流行的主题，文艺复兴前的主要画题都是宗教故事，文艺复兴也是从宗教故事开始变革。这类主题作品常是在刻画施洗者约翰（John the Baptist）主持的基督的受洗仪式。过了二十几年，年轻的达·芬奇和他老师安德烈·德尔·委罗基奥（Andrea del Verrocchio）也一起完成了一幅同名画作。在这幅画中，达·芬奇画的是画面左下角两个小天使中左边的那一个。这也是达·芬奇首次亮相。

120

基督受洗

安德烈·德尔·委罗基奥
1472—1475年
木板油画
177cm×151cm
佛罗伦萨乌菲齐美术馆

　　在《鞭打耶稣》（*Flagellation of Christ*）中，弗朗切斯卡运用了空间、光线和完美的数学结构。画面有前后两个空间，中央消失点因透视线的关系而被设在远处的墙上。两个空间里的两组人物被华丽的立柱中线所分割，各有光源，人物刻画得细腻、精准，立体感很强，光线很亮。画家通过数学的手法将空间拉得很深，让场面极具层次感。

　　《复活》（*Resurrection*）是弗朗切斯卡最伟大的作品之一，这是为其故乡的市政厅所创作的。画面也被分为两个区域，且各有不同的透视

鞭打耶稣

皮耶罗·德拉·弗朗切斯卡
1459—1460年　木板蛋彩　67.5cm×91cm
乌尔比诺马奇国家美术馆

线。画面下方画了几个正在睡觉的卫兵，左二那个卫兵正是弗朗切斯卡的自画像。画面上方威风凛凛站着的是身上带伤的基督，他和下面东倒西歪的士兵形成对比。画中广为人称赞的是基督的眼睛，那双并不对称的眼睛流露出的空灵感分明是看破红尘而又悲悯尘世。但这幅壁画的命运却是多舛的，曾被不欣赏的人粉刷掉，后被人修复才得以重见人世。第二次世界大战时，盟军曾轰炸其所在地，但幸运的是当时一位指挥官想起一本书中提到，该市有世界上最伟大的艺术品，便命令停止轰炸。这样，《基督复活》又逃过一劫。

复活

皮耶罗·德拉·弗朗切斯卡
1463—1465年
湿壁画　225cm×200cm
圣塞波尔克罗奇维科博物馆

　　弗朗切斯卡还曾完成了一个巨大的工程，它就是位于意大利阿雷佐的圣弗朗西斯科教堂（Basilica of San Francesco）的系列壁画《真实交汇的历史》（*The History of the True Cross*），其中一幅就是《示巴女王和所罗门王》。

示巴女王和所罗门王

皮耶罗·德拉·弗朗切斯卡
1452年
湿壁画
阿雷佐圣弗朗西斯科教堂

而英国国家美术馆最早的收藏之一就和这个示巴女王有关，那就是下面这幅洛兰的《示巴女王港口启航》（*The Embarkation of the Queen of Sheba*）。

克劳德·洛兰（Claude Lorrain），尼古拉斯·普桑（Nicolas Poussin）同时代的画家，和普桑一样生于法国，后在意大利度过大部分人生。他在意大利取得了17世纪最杰出风景画家的地位，成为独具特色的古典主义代表。他画出了自己的风景画风格，尤其是将太阳直接引入画面，并以之为光源真实再现阳光下各物体的细节。他的墓志铭写着"出色地描绘日升日

示巴女王港口启航

克劳德·洛兰
1648 年
布面油画　149.1cm×196.7cm
伦敦英国国家美术馆

示巴女王和所罗门王

1280年
彩色玻璃
科隆大教堂

落时光线的杰出风景画家""其艺术得到了上流社会最高的赞赏"。但洛兰绝不是一个简单的风景画家，他的风景画背后都是有故事的，如神话传说、宗教故事或历史事件。这幅《示巴女王港口启航》就是《圣经》上的故事。

示巴古国在阿拉伯西南，即今之也门。《旧约·列王纪上》记载，示巴女王带了许多香料、宝石和黄金去觐见所罗门王，用难题考验所罗门的智慧。示巴女王是《圣经》记载的第一位女王，至今民间还有相关传说，引起历史上艺术家、文学家、诗人的无尽兴趣，也为这两位王者增添了许多浪漫的色彩。

一般认为，示巴女王对所罗门王的那次著名神秘访问发生在公元前950年，有人推测说那是一次带有重大政治目的的国际访问。示巴王国当时是跨红海的大国，所以女王的身份也涉及上埃及女王。据说，这次访问的结果是示巴女王见到了所罗门王，所罗门王回答了她所有的问题和困惑，让她十分满意，她对所罗门王的智慧和做派更是心悦诚服。

这个著名的故事被中东的各种文本一再传诵，几乎家喻户晓，《圣经》《古兰经》都予以记录。但这段历史迷雾重重，所罗门的身份也是个谜。有人认为，所罗门其实是古代下埃及的一位法老。当时，所罗门统治的王国是第一强国，而示巴女王治下的王国是第二强国。假如真相如此，那么这两位国王发生在2950年前的交往难道是古代上、下埃及的联姻和亲？示巴和所罗门的这段关系没人能说清，这就给后人留下了在艺术上的巨大创作空间。

洛兰的这幅画描述了示巴女王即将启程的时刻，至于是出发还是返程并不能确定。根据装船的货物，很可能是启航，但也可能是返航时所罗门的回赠。不过，这不重要。画面大部分都是风景，人物虽不少，但都很小。这就形成了一种大气场：人的活动被摆到了一个大格局、大环境中。主角是画面右下方那位走下阶梯、被人前呼后拥、头戴皇冠的红衣女子，她应该就是示巴女王。她正准备上引导船，画面左边藏在柱子后面的大船就应该是远航船，那远航船上有很多水手在忙碌。岸边还有很多人，或在运货，或在观望。不过这幅画让人印象最深刻的是那轮有云缭绕的朝阳，象征着远航的方向，光明、灿烂但又不确定。太阳也照亮了周围的建筑，使之显得恢宏而壮美。这幅画的透视灭点被拉到了无穷远，即航程远去的目的地。这个方法被后来的画家，如透纳，经常应用，例如他的《战艇"泰米瑞号"被拖去基地销毁》(The Fighting Temeraire Tugged to Her Last Berth to Be Broken Up)。不过，这回是残阳，照在泰晤士河上，唱着一曲挽歌。

战艇"泰米瑞号"被拖去基地销毁

威廉·透纳
1839年　布面油画
90.7cm×121.6cm
伦敦英国国家美术馆

可传世的近代珍品

虽然1900年以后的画基本都转到了泰特美术馆，但在英国国家美术馆还是可以看到一些"近现代"的世界顶级作品，例如亨利·卢梭（Henri Rousseau）的《热带雨林之虎》（*Tiger in a Tropical Storm*，又名*Surprised*!）和乔治·修拉（Georges Seurat）的《阿涅尔的浴者》（*Bathers at Asnieres*）。

卢梭和修拉都是法国印象派"之后"的代表画家，他们在各自的方向上不懈地探索，形成了自己的风格。

　　亨利·卢梭在40岁退职之后才开始职业画家生涯，前期只是一个业余爱好者，被称为"星期日画家"。所以，他是典型的大器晚成。他没有师授，完全靠自学。他说："除了自然之外，我没有老师。"他自认为他凭着本能画画，他认为"创作者必须获得完全的自由才能在思想上达到美与善的境界"。他完全因喜欢而作画，不受任何规律约束，有的只是纯朴的感情和一双天真无暇地去观察大自然的眼睛，因而他的作品有着一种原始、纯朴和率真的美感，从而形成强烈而鲜明的风格，受到当时前卫艺术家毕加索等人的赞赏。然而由于另类，各种嘲讽也几乎伴随了卢梭的一生，但卢梭都能泰然处之。直到逝后，他的画才慢慢被人众接受，并被冠以"原始主义"。他的画法属超现实主义，但他的艺术风格很难归到哪一派。他有一种与生俱来的爱幻想的天真性格，这让他的画具有原始童话般的魅力。

　　虽一生未离开过巴黎，但卢梭常到植物园观赏温室里的热带植物，因而他画了许多热带丛林风光，《热带雨林之虎》就是其中之一。这不禁让人疑惑：对于这么热爱大自然的一位画家来说，热带雨林对他究竟意味着什么？仔细观看他的画，没有雨林的狰狞，只有热带的狂野。与其说卢梭画的是热带雨林的风光，不如说他画的是其似梦非梦又带有神秘情调的精神世界。雨林中的老虎或许就是他的"原我"。周边的草木在潇潇的风雨中仍然色彩灿烂。藏在草丛中的老虎龇牙咧嘴，有着不屈不挠的劲头。或许卢梭只是记载了一个永远神秘的梦和幻想，而这个梦幻演化成他笔下的景物。这件作品简单得让你一眼就能看懂，却又让人不禁被画家渲染的气氛所吸引、迷惑，总想拨开草丛去发现更多隐藏其中的奥秘，沉浸在卢梭创造的梦幻世界里不能自拔。

　　乔治·修拉，出身良好，受过完整的美术学院教育，曾学习古典主义绘画，对光学和色彩理论特别关注并为之做了大量的实验。他致力于

追求绘画中的秩序，并逐步创立了其以分色主义著称的色彩理论。这种理论的要旨在于将众多细小的色点直接涂在画布上，通过视觉的暂留现象让色点在人的眼中混合，而不是画前在调色板上混合。他意图把握一种稳定的、几乎是凝固的特质。这与印象派对捕捉摇曳闪烁的光线的追求是背离的，但这也为修拉的色彩理论找到了一种绘画方式——点彩画。他一生创作的作品不多，但他的画不仅精致而且有自己的特点和风格。他的理论和技法对后世艺术家的影响是不可忽略的。

《阿涅尔的浴者》是他的第一幅重要作品，是新印象派的代表作，也是一幅在世界美术史上具有纪念碑式意义的油画作品。它表现的是法国人在浴场度假休闲的场景。画中人在草地上或坐或躺，在水里或戏或闹，享受着阳光和新鲜空气。特别是画面右下角河里那个围手呼叫的男孩，让画面一下子生动起来。画面整体结构分为两部分：蓝灰色为主的水面和黄绿色为主的岸边，形成一个稳定的框架，散乱分布、戴着各色太阳帽的人们并没有破坏这个稳定性而是增加了一些活泼。不过最重要的是画家对画面的表现手法，其上布满了精密细致排列的小圆色点，这些小圆点由用不加调和的暖色、冷色以及相近色、互补色等堆积而成。观者在一定距离的范围内看画，物体的轮廓较为柔和，看上去有点被太阳晒

热带雨林之虎

亨利·卢梭
1891年
布面油画　129.8cm×161.9cm
伦敦英国国家美术馆

得发昏的感觉，那种悠闲逍遥的感觉跃然纸上，令人赏心悦目。

　　说到这里，必须提两句数学中的离散与连续理论。修拉无意识地用他的绘画作品诠释了这个理论。我们生活在一个连续的世界里，时间、空间等物理量都是连续的。然而，处理计算连续问题要用到极限这个无穷过程，这在理论上是无法实现的，所以我们退而求其次，将问题离散求近似。修拉正是这么做的，他不用轮廓线条连续划分形象，而采用点状的点状笔触来实现。其实，我们看到的位图图像正是由密密麻麻的色点组成，而色点的缓慢变化到了我们眼里被分辨成连续的图形，从而构成画面对象。分辨率越高，色点就越密。修拉敏锐地明白了这点并把它应用到他的绘画上。在如今的大数据时代，我们得到的数据都是离散的，但我们可以通过分析，勾画出数据背后的形象。修拉做了他的尝试，我们可以从他的尝试中得到启发。

阿涅尔的浴者

乔治·修拉
1884年
布面油画　201cm×301cm
伦敦英国国家美术馆

THE NATIONAL GALLERY, LONDON

英国国家美术馆随记

因为英国国家美术馆位于伦敦市中心，所以我在爱丁堡学习工作期间去伦敦时，只要有时间，就会去逛一逛。因为免费，安排也就非常随意，根据自己的时间，或长或短。相对于大英博物馆，这里偏重绘画艺术。刚出国时，我在国内受到的艺术教育非常有限，对西方艺术史几乎一无所知。英国国家美术馆应该是我访问的第一个世界级高水平的美术馆。当时在里面转了很长时间，却也转出了一大堆问题。那时我的观画喜好完全用数学的眼光和凭着直觉，看到喜欢的画，就多看点介绍，但大多时候对一些画完全不能领略，不知好在哪里，为什么被美术馆收藏，凭什么在这儿展出？只能是增加一点疑惑。所以，在走出美术馆时，疑惑多于满足。还好，我这个人不轻易放弃疑问，在以后的学习生活中不断去试解这些疑问。后来，我"淌"过很多博物馆，理解力和欣赏力不断提高，这些疑问也慢慢地"融化"。再后来，我又多次重返这家美术馆，了解了更多背景故事，对那些喜欢和疑惑的画又有了不同的感受，整体艺术修养也在持续的博物馆之旅中得到提升。可以说，我的艺术大学就是世界各地的美术馆。

苏 格 兰 国 立 美 术 馆

NATIONAL GALLERY OF SCOTLAND

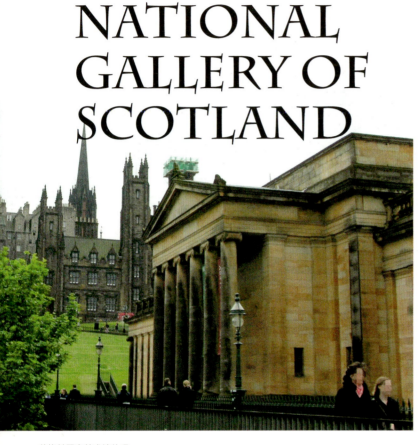

苏格兰国立美术馆外观

　　苏格兰国立美术馆（National Gallery of Scotland）是苏格兰最古老的美术馆。它坐落在美丽城市爱丁堡的市中心，介于古老的旧城和始建于18世纪的新城之间。1819年起，苏格兰政府依据相关法令，将苏格兰各艺术团体收集的珍品汇合，组建国立美术馆，使得此馆拥有苏格兰最丰富、最珍贵的欧洲绘画和雕塑作品，涵盖了从文艺复兴时期到后印象派的所有流派，在世界上同等规模的美术馆中名列前茅。

在苏格兰国立美术馆的重要藏品中，私人收藏和寄存作品占有不小的比例，因所有者家族名称的变化，这些收藏品也以家族的名称冠名。

在苏格兰国立美术馆学习的孩子们

入画的苏格兰风光

既然在苏格兰，自然有鲜明的苏格兰特色，那就看看苏格兰画家笔下的苏格兰。苏格兰最漂亮的城市是爱丁堡，爱丁堡最有名的建筑是爱丁堡城堡。苏格兰风景画家亚列山大·那什姆斯（Alexander Nasmyth）的《诺尔湖上的爱丁堡城堡》（*Edinburgh Castle and the Nor' Loch*）就为19世纪初的爱丁堡留了影，并存在了苏格兰国立美术馆里。在这幅画里，城堡笼罩在云烟中，深藏着历史故事，光线透过云雾，照亮了前端，湖畔饮马散步的人似乎更真切些。如今再去看美术馆边上的城堡，诺尔湖已干涸，或已成为绿草公园。这幅画让人深感山河流转、历史变迁，然而城堡依旧，诉说着不尽的历史。

今天的爱丁堡城堡

诺尔湖上的爱丁堡城堡

亚列山大·那什姆斯
1824年
画布油画　45.4cm×61cm
爱丁堡苏格兰国立美术馆

134

带巴斯岩石的坦特伦城堡景观

亚列山大・那什姆斯
1816年
布面油画　92cm×122.3cm
爱丁堡苏格兰国立美术馆

　　苏格兰城堡众多，美术馆里还藏有那什姆斯的另一幅城堡画——《带巴斯岩石的坦特伦城堡景观》（*A View of Tantallon Castle with the Bass Rock*）。这幅画的构图和《诺尔湖上的爱丁堡城堡》的差不多，但光线不一样，透过云洞的阳光把城堡和岩石照得通亮。崖下正在激荡的海浪让这座位于爱丁堡东海岸的14世纪的城堡有种横空出世的感觉，显得更加威武挺立。右边那块突出海面的梯形巴斯岩石却隐于云海中。然而，如今的坦特伦城堡已经败落，只剩下残垣断壁，但巴斯岩石还在那里，让人们感受到：古堡是个随时间变化的"函数"，以及还存在一个处于变换中的海上"不动点"。数学中的"不动点"是指经过变换映射后回到自己的那个点。这个海上的巴斯岩石无视时间的流淌，依然如故，不正是一个"不动点"吗？

坦特伦城堡今状   巴斯岩石今状

肖像画中的奇葩

美术馆收藏的除了风景画，当然还有肖像画，其中最有名的肖像画恐怕就是亨利·雷伯恩（Henry Raeburn）的《在达汀斯顿湖上滑冰的罗伯特·沃克牧师》（*Reverend Robert Walker Skating on Duddingston Loch*），这幅画还另有一个名字——《滑冰的牧师》（*The Skating Minister*）。

雷伯恩是苏格兰最有名的肖像画家之一，他画了大量的传世肖像画，包括国王乔治六世（George Ⅵ）肖像。除了结构简洁色彩、生动，人物神情动作精准、潇洒外，这幅画出名还因为画中人被认为是罗伯特·沃克。沃克是爱丁堡修士门教堂（Canongate Kirk）的牧师，也是英国最古老的爱丁堡滑冰俱乐部的成员。这幅画一反神职人员呆板严肃的形像，记录了神职人员在户外自由轻松的滑冰场面，在肖像画历史上留下独特的一笔。同时，从滑冰的绘画角度来说，主角不是妙龄健美的青年，人物也没有展现体育意义上的高难动作，而是一位穿着正式的老者在做着很普通的滑冰动作，暗示了滑冰老者的稳重性格。画家试图强调：这位主角能够自如操控复杂困难的局面，巧妙应对多变微妙的形势，以及老练机智地调控平衡。这是一个数学中不稳均衡的极好注释。

在达汀斯顿湖上滑冰的罗伯特·沃克牧师

亨利·雷伯恩
约1795年
画布油画　76.2cm×63.5cm
爱丁堡苏格兰国立美术馆

138

爱丁堡的史考特纪念塔，塔中间的是史考特坐像

沃尔特·史考特爵士肖像

亨利·雷伯恩
1822年
布面油画　76.2cm×63.5cm
爱丁堡苏格兰国立美术馆

　　我们再来看美术馆收藏的另一幅雷伯恩创作的肖像画——《沃尔特·史考特爵士》。沃尔特·史考特（Walter Scott）是苏格兰著名的历史小说家、戏剧作家和诗人。他生于苏格兰的爱丁堡市，自幼患有小儿麻痹症，爱丁堡大学法律系毕业后当过副郡长。他以苏格兰为背景创作的诗歌十分有名，后来开始写作历史小说，成为英语历史文学的巨匠。他的代表作有《艾凡赫》（Ivanhoe）、《惊婚记》（Quentin Durward）、《红酋罗伯》（Rob Roy）和《肯纳尔沃斯堡》（Kenilworth）等。爱丁堡市中心有座标志性的建筑——史考特纪念塔。在这幅肖像画中，雷伯恩画出了诗人看穿历史般的深邃眼光。

藏于苏格兰的普桑重磅名画

　　既然苏格兰国立美术馆可以成为世界级的博物馆，除了收藏苏格兰本土画家的作品，当然还有许多世界顶级画家的作品。如在世界美术史上赫赫有名的拉斐尔、丁托列托（Tintoretto）、伦勃朗、鲁本斯、委拉斯开兹、维米尔、普桑、莫奈、梵高、塞尚、保罗·高更（Paul Gauguin）、埃德加·德加（Edgar Degas）、瓦西里·康定斯基（Wassily Kandinsky）、保罗·克利（Paul Klee）、米罗、毕加索、达利、阿尔贝托·贾科梅蒂（Alberto Giacometti）以及英国画家透纳、乔舒亚·雷诺兹（Joshua Reynolds）、和威廉·荷加斯（William Hogarth）斯等人的作品均有收藏。我们以普桑的《七圣礼》（Seven Sacraments）第二个系列为代表，这是苏格兰国立美术馆的重磅展品，来自于萨瑟兰公爵家族收藏。

　　尼古拉斯·普桑，17世纪法国古典主义绘画的奠基人，他在法国17世纪画坛的地位至高无上。普桑出生在法国西部，但其绘画生涯的大部分是在意大利度过的。卢浮宫、大都会、埃尔米塔什都有他的收藏，卢浮宫收藏着他的《四季》系列。

自画像

尼古拉斯·普桑
1650年
布面油画　98cm×74cm
巴黎卢浮宫博物馆

七圣礼（The Seven Sacraments ）是指天主教的七大礼仪：洗礼
（Baptism）、坚信礼（Confirmation）、圣餐礼（Holy Eucharist）、补赎
罪礼（Penance）、牧师授圣礼（Ordination）、婚礼（Matrimony）和临终
涂油礼（Extreme Unction）。要表现这西方文化中的重要场面，画家自
然不会缺席。光是普桑就画了两个系列，每个系列都有七幅画。第一个系
列藏于伦敦英国国家美术馆，第二个系列是指苏格兰国立美术馆租借的私
人收藏。虽然每幅画都是人物众多，却幅幅都画得细腻生动、精美传神。

七圣礼：洗礼

尼古拉斯·普桑
1646年
布面油画　117cm×178cm
爱丁堡苏格兰国立美术馆

七圣礼：坚信礼

尼古拉斯·普桑
1645年
布面油画　117cm×178cm
爱丁堡苏格兰国立美术馆

七圣礼：圣餐礼

尼古拉斯·普桑
1647年
布面油画　117cm×178cm
爱丁堡苏格兰国立美术馆

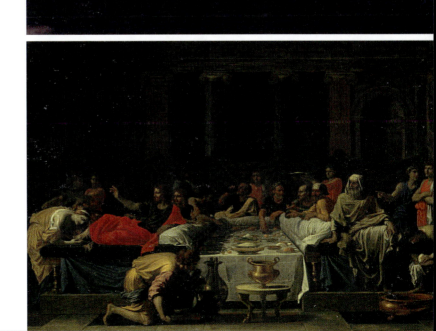

七圣礼：补赎罪礼

尼古拉斯·普桑
1647年
布面油画　117cm×178cm
爱丁堡苏格兰国立美术馆

七圣礼：牧师授圣礼

尼古拉斯·普桑
1647年
布面油画　117cm×178cm
爱丁堡苏格兰国立美术馆

七圣礼：婚礼

尼古拉斯·普桑
1648年
布面油画　117cm×178cm
爱丁堡苏格兰国立美术馆

七圣礼：临终涂油礼

尼古拉斯·普桑
1644年
布面油画　117cm×178cm
爱丁堡苏格兰国立美术馆

NATIONAL GALLERY OF SCOTLAND

苏格兰国立美术馆随记

　　爱丁堡是我生活了十几年的地方，我非常喜欢这个典雅优美的城市。爱丁堡可谓群星闪烁，卧虎藏龙，风云人物、人才名家辈出。一个城市有一个响亮的名字就足以让这座城市骄傲，而爱丁堡却轻轻松松地拥有了一大批如雷贯耳、荣耀尊贵的世界级名字：浪漫主义作家沃尔特·史考特、诗人罗伯特·伯恩斯（Robert Burns）、哲学家大卫·休谟（David Hume）、经济学家亚当·斯密（Adam Smith）、塑造了名侦探夏洛克·福尔摩斯（Sherlock Holmes）的小说家柯南·道尔（Conan Doyle）、《金银岛》（Treasure Island）的作者R.L.史蒂文森（Robert Louis Stevenson）、发明电话的亚历山大·贝尔（Alexander Bell）、创立进化论的查尔斯·达尔文（Charles Darwin）、近代物理学巨匠J.C.麦克斯韦尔（James Clerk Maxwell）；现代的还有克隆了第一只动物的"多利羊之父"基思·坎贝尔（Keith Campbell）和伊恩·威尔莫特（Ian Wilmut）、创作了哈利·波特（Harry Potter）的女作家J. K. 罗琳（Joanne Kathleen Rowling）等，这是怎样一种人杰地灵呀！它虽然没有伦敦那么繁华，但有着深厚的历史底蕴和无数曲折动人的故事，有皇室的诡谲艳史，也有战争的血雨腥风，有文化的灿烂辉煌，也有民俗的坦荡质朴。文化的沉淀在这个城市也是处处显现，其独特的苏格兰风情使得这座城市魅力四射。而作为文化艺术结晶的美术馆更是地处市中心，成为爱丁堡的明珠。苏格兰国立美术馆，我不知去了多少次，它收藏了那么多著名画家的画作。这些画作不仅是艺术精品，还道尽了这个城市乃至西方的文化史。它还举办过很多巡展，如印象派巡展，借世界的各种精品给这家美术馆添光加彩。为了普及艺术，苏格兰国立美术馆的常展一直是免费的。

Collection 10　美 国 国 家 美 术 馆

NATIONAL GALLERY OF ART

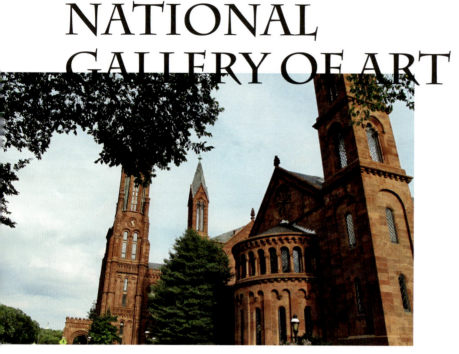

史密森尼学会外景

　　美国首都华盛顿有一个博物馆群，美国国家美术馆（National Gallery of Art）就位于其中。这家美术馆附属于史密森尼学会（Smithsonian Institution），但是独立运作。它分为东西两部分：西馆为古希腊风格的新古典式建筑，而东馆是一幢充满现代风格的三角形建筑。它是世界级建筑精美、藏品丰富的艺术品宝库之一，藏有从中世纪到现代的欧美艺术品大约15万件，包括文艺复兴时期、印象派及后印象派的知名油画、版画、水彩、雕刻、速写和其他装饰艺术品。被收藏作品的艺术大师有达·芬奇、拉斐尔、提香、伦勃朗、鲁本斯、莫奈、米开朗基罗、罗丹、雷诺阿、毕加索等，还有美国本土画家约翰·辛格尔顿·科普利（John Singleton Copley）和吉尔伯特·斯图尔特（Gilbert Stuart）等人。所有展品都是美国富豪捐赠，由政府承担日常的保管、维护费用。

　　史密森尼学会是美国的一个博物馆和研究机构的组织，其总部设在华盛顿。该组织包括19座博物馆、9座研究中心、21座图书馆和1所国家动物园，约藏有1.5亿件艺术品和标本。它也是美国唯一一所由美国政府资助、半官方性质的第三方机构，同时还是世界最大的博物馆和研究机构联合体。其管理和经费来源于美国政府拨款、其他捐助，以及自身商店和杂志销售盈利。该组织的成员机构大多数位于华盛顿特区，部分散布在纽约至弗吉尼亚州，甚至还有在巴拿马的。该组织于1846年成立，资金源于英国科学家詹姆斯·史密森（James Smithson）的遗赠。根据遗嘱，他的财产在他去世后传给了他的侄子，后因他的侄子无子嗣继承这笔财产，这笔巨资就被转赠给了美国政府建立这个学会，用于"增进和传播人类知识"。学会的董事会由当时的美国最高法院首席大法官、副总统、参议员、众议员和非官方人士组成。该组织的诸多博物馆除圣诞节外，全年对公众免费开放。博物馆是个烧钱的地方，而美国博物馆就是以这种方式行资营运的。美国的发达之处在这里也许能找到部分答案。

　　美国国家美术馆涉及的那些知名艺术大师已在别的美术馆介绍过，这里我们来看看几个有美国本土特色的艺术家。

美国国家美术馆外观

美国国家美术馆内庭

科尔的人生四航

托马斯·科尔（Thomas Cole）是哈德逊河画派的创始人。他出生于英国，17岁随家人迁往美国俄亥俄州，后进入宾州美术学院学习。1825年，科尔定居纽约，成为一个有名气的风景画家。他的绘画作品多采用古典手法，富有浪漫的情调，并具有一种史诗和寓言般的内涵。他画的风景山怪水奇，与其说是自然景观，不如说是他的内心天地。

美国国家美术馆收藏了他的《人生的远航》（*The Voyage of Life*）系列。这个系列一共有四幅，分别是《童年时代》（*Childhood*）、《青年时代》（*Youth*）、《成年时代》（*Manhood*）和《老年时代》（*Old Age*）。把这四幅作品合起来看，可以慢慢体会画家通过"航行"对人生进行的哲学思考。从数学的眼光看，它们形成了一个沿着时间轴（用河表示）变化的人生。

这四幅作品基本结构相同，一艘小船载着一个画题所提示年龄的人航行，背景是山河风光。小船前有个捧着时漏的金色船头女神雕像，前后还有个闪着金光、背生翅膀、身着白衣的天使。根据时间的不同，山河风光的背景也不同，航行者身穿红衣，航过人生的各个阶段，四幅画的航行方向连起来是个之字形。

在童年时代，小船刚刚驶出神秘的港湾，光着身子的婴儿正在船上欢呼雀跃。周围繁茂的草木都是嫩芽鲜枝，晨光温暖普照，气氛恬淡安静，河流狭窄而平稳，但远山峥嵘，变幻不定。天使在孩子的身后，与其说是引领，不如说是保护。

在青年时代，视野和河面开阔了许多，周围的树木也茁壮高大，八九点钟的太阳灿烂明亮。小船上的年轻人意气风发，一手紧握舵把，

Museum 1
地域风情

146

人生的远航：童年时代

冯斯·科尔
342年
面油画　134.3ccm×195.3cm
盛顿美国国家美术馆

人生的远航：青年时代

冯斯·科尔
342年
面油画　134.3cm×194.9cm
盛顿美国国家美术馆

人生的远航：成年时代

托马斯·科尔
1842年
布面油画　134.3cm×202.6cm
华盛顿美国国家美术馆

人生的远航：老年时代

托马斯·科尔
1842年
布面油画　133.4cm×196.2cm
华盛顿美国国家美术馆

另一手指向远方。最有意思的是山后云中那虚幻的城堡，那就是年轻人的理想。那穿白衣的天使站在岸上，似乎在鼓励着年轻人。水面看似平静，但前方转弯后却不知是什么风景，给人留下许多悬念。

到了中年，激流险滩，风雨大作，小船摇晃，前方出现漩涡。中年人虽在船上祷告，但他仍然挺立着，不屈不挠。树上也只剩下了被狂风暴雨摧残过的树枝，白衣天使到了云中，默默地注视着中年人，似乎在暗中保佑。然而，通过山缝的险流，可以看到山重水复后的另一番景象，阳光正从云后露出希望。这就是要成为英雄的必经之路。

进入老年，小船又驶入一个相对平静而没有前方的港湾，船头的女神雕像和女神手中标志时间的沙漏已不知所踪。老人由站姿变成坐姿，周围也没有了其他能表示生命迹象的植物。一束光亮从天而降，预示着终结，白衣天使正引领着老人向那光源飞去。

长居法国的美国女画家卡萨特

19世纪末、20世纪初有位美国女画家非常杰出，她毫不客气地挤入绘画史上为数不多的女杰行列。她就是玛丽·卡萨特（Mary Cassatt）。

卡萨特出身于费城金融富商家庭，但她并没有走一般富家女的道路，很早就宣称要做画家，因而与父亲发生冲突。在她的坚持下，她最终还是克服困难走上艺术之路。

自画像

玛丽·卡萨特　1880年
纸上水彩、水粉　32.7cm×24.6cm
华盛顿国家肖像博物馆

卡萨特先在美国接受正规的美术教育，后花大量的时间在欧洲游历，开始痴迷欧洲大师的作品。1872年，她凭《嘉年华上的两个扔花女子》（*Two Women Throwing Flowers During Carnival*）入选巴黎沙龙展，两年后定居巴黎。当时正是印象派流行的时期，卡萨特非常欣赏印象派画家对光和色彩的明亮处理，尤其喜爱德加的作品。与贝尔特·莫里索（Berthe Morisot）和爱德华·马奈（Edouard Manet）一样，她和德加也建立了终生的友谊。德加宣称卡萨特是他遇到的一位"感觉与我一样的同好"，并对她的绘画技巧赞不绝口。她获邀参加印象派画展，得到法国作家埃米尔·左拉（Emile Zola）和印象派主将塞尚、莫奈、雷诺阿的垂青。1891年，卡萨特在巴黎举办首次个展，大为法国美术界所推崇。直到20世纪初，卡萨特才进入美国画界的视野。直至10年后，宾州美术学院为她颁奖，她才在自己的国家扬威。

卡萨特终生未婚，她曾说："画家有两条路可走，一条是易行的通衢大道，另一条则是坎坷的羊肠小路。"她自称走的是后一条路，"做女人是失败了"，但做画家她却成功了。然而没有做过母亲的卡萨特的绘画作品却色彩明亮、温馨暖人、亲情洋溢，充满着母性的温柔和质朴的情感，处处闪烁着出生命的光辉。或许，她通过画笔尽情发挥了她未竟的母性内涵。

华盛顿国家美术馆收藏了她的《窗边的年轻女孩》（*Young Girl at a Window*）。画中女孩依窗而坐，抱着一条小狗在若有所思。阳光从窗户照进，照亮了女孩全身。我们回顾一下莫奈《撑伞的女子》，相比那幅面部模糊不清的画，这副年轻泛红的脸庞被比较清晰地画了出来，然而让人物和窗外模糊的景象融为一体的处理方式又反映着印象派的特点。遮阳帽盖不住的青春洋溢在画面。被人抱着的小狗则较暗，起到了对比光线的作用，反衬出主人公的阳光、优雅和令人爱怜，将一种内在母性刻画得精彩到位。

151

窗边的年轻女孩

玛丽·卡萨特
1883—1884年
布面油画
100.3cm×64.7cm
华盛顿美国国家美术馆

童浴
玛丽·卡萨特
1893年
布面油画　100.3cm×66.1cm
芝加哥艺术学院

卡萨特最有名的画可能是另一幅反映母爱的作品——《童浴》（*The Child's Bath*）。在这幅画里，画家从一个居高的位置俯视母亲为孩子洗脚的场景。背景色彩被划分为三部分：墙纸分淡绿的条状花纹和褐色的散花两部分，与地面地毯几何图案的红棕色一起组生了一个私密的空间。母亲的条纹服装贯穿画面，强烈地把控全局，裹着浴巾的孩子在母亲的怀里是那么有安全感。两人眼光都向下，正在认真地洗浴。孩子的享受，母亲的亲昵，母女之爱的主题满满地荡漾在画里画外。

北美殖民地期的英裔美国画家科普利

美国国家美术馆当然也收藏着一些记录美国历史的杰作。美国的历史稍短，所以殖民时期的已算是比较远古的了。

约翰·辛格顿·科普利（John Singleton Copley）是北美殖民地期最重要的英裔美国画家，也是在美国出生且在美国接受美术教育的第一位伟大的美国本土画家。他的艺术生涯主要创作肖像画，他的高超绘画技巧使他声名鹊起。1765年，科普利的一幅肖像画被送到英国皇家艺学院展览并获得好评，这确立了他在北美殖民地艺术界的地位。1774年，美国独立战争迫使他移居伦敦。科普利到伦敦后，除了继续画肖像，还创作了许多历史画。

美国国家美术馆收藏了他的一幅名画《瓦森和鲨鱼》（*Watson and the Shark*）。这幅画是科普利到英国和瓦森成为朋友后应瓦森请求而画的，也是他在英国画的历史画之一。这幅画描绘了人们营救英国男孩布鲁克·瓦森在古巴哈瓦那遭到鲨鱼袭击的情景，事件发生在1749年。科普从来未去过哈瓦那，也没有见过鲨鱼，更不要说人鲨大战，但他做了大量功课，积累了大量资料。这幅画表现出的气氛十分紧张，男孩翻

瓦森与鲨鱼

约翰·辛格顿·科普利
1778年 布面油画 182.1cm×229.7cm
华盛顿美国国家美术馆

漂在水上，鲨鱼张开血盆大口，近在咫尺，极度危险。小船上有两人奋不顾身，伸手去拉男孩，船上的其他人或抛绳，或拉人，或掌船，或焦虑。最突出的是站在船尾、手持渔叉，正在驱赶鲨鱼的小伙子，他圆睁的怒目、用力的姿势和扬起的头发都把挣扎欲和危机感推向了高潮。背后是一片帆影，但热闹的风帆对眼前的危机一点帮助也没有，反而显得这伙人更加孤立无援。整个画面的千钧一发和岌岌可危令人印象深刻，让观者都跟着屏住了呼吸。

NATIONAL GALLERY OF ART

美国国家美术馆随记

　　美国我虽然去了几次，但华盛顿只去了一次。那次去美国10天，计划驱车访问纽约、华盛顿、芝加哥等地。可惜第一天的行程就受阻，浦东机场飞机延误了一天。我在华盛顿的时间就只剩有半天时间，国会山庄耗去了我一两个小时，离博物馆关门的5点或5点半只剩下不到3个小时。在这短短的时间里，我不是渰博物馆，而是"闪"博物馆。在那一个接一个的博物馆里，我强烈地感到了时间和空间的矛盾。即便如此，我还是"闪"过了植物馆、飞行馆、美术馆、自然馆和博物馆组织史密森尼协会。"闪"到美国国家美术馆时已接近闭馆时间，很多珍品都没来得及细看，只能"闪了闪"而已。但我还是被《人生的远航》所吸引，站在画前忘了时间，直到闭馆被工作人员"轰"出美术馆。令我扼腕的是我没有更多的时间再仔细看看，大多数伟大的作品只能得到一个大概的印象，待找机会弥补遗憾吧。

Collection 11 印度国家博物馆

INDIA NATIONAL MUSEUM

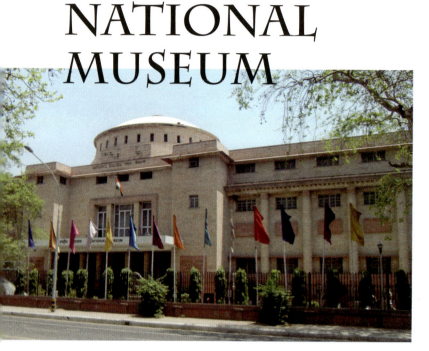

印度国家博物馆正门

印度是个历史悠久的国家，是四大文明古国之一，它的国家博物
馆自然很有看头。

印度国家博物馆（India National Museum）位于首都新德里，
建于1949年，是在当时的印度总理尼赫鲁倡议下建立的。馆内藏有
公元前3世纪以来印度各地区的各种珍贵历史文物，包括古代印度的

铜器、陶器、雕像等艺术品，特别是很多精美的印度教雕像给人留下深刻印象。让人惊奇的是，我在这里还发现了不少珍贵的中国文物，如敦煌绘画、藏传佛教器物等。

华丽生动的印度教神

157

博物馆里最多的是印度教神的雕像，包括群像。印度教神和佛教神很不一样，佛教神大多简简单单地着装，安安静静地打坐，而印度教神却着装华丽，扭动身躯，做出各种姿势。特别是舞神，更是舞姿优美、妩媚动人。印度教有三大主神：梵天（Brahma）和毗湿奴（Vishnu）和湿婆（Siva），他们及其化身常常出现在古代印度雕刻作品中。

太阳神苏利耶（Suaya）从梵天身体的一部分中诞生。他被尊为神圣的活力给予者，能激发凡人的潜力，能呼风唤雨，支配运动与静止的一切。他按照固定的规律运行，他能稳固大地。他是地

太阳神苏利耶

13世纪　大理石
189.2cm×89cm
新德里印度国家博物馆

萨拉斯瓦蒂女神

12世纪　大理石
77cm×46cm
新德里印度国家博物馆

上第一个献祭的人，把火种赐予人类，他全身发着刺眼的光芒。后来，他的岳父毗首羯摩天（Vishvakarman）利用他身体的一部分——一些闪光的碎片制作了毗湿奴的飞轮、湿婆的三叉戟等一系列诸神武器。进入博物馆，最抢眼的就是那尊13世纪的太阳神雕像。这尊石雕来自东恒河，形象稳重大方，细节精美繁复，代表古代印度工匠的高超技巧。

有男神，就有女神。印度教和婆罗门教的萨拉斯瓦蒂（Saraswati）女神雕像也立于大厅。萨拉斯瓦蒂女神是印度教的智慧和知识女神，也被叫妙音天女。她是印度教的一个重要女神，不仅代表医疗、子嗣、财富、美貌，还作为学问、智慧、艺术、音乐之神受到学生、艺术家、音乐家的虔诚供奉。传统上，她被认为是上神梵天的妻子。她最初的身份是萨拉斯瓦蒂河的河神，是辩才天女。因她能除人之秽，给人财富、后代、勇气，后逐渐从河神发展为司掌各种智慧和知识的女神，她更是文艺和科学的保护神。她的形象通常为有四个手臂的美丽女郎。她皮肤白皙，身披白衣，坐骑是一只天鹅（有时是孔雀），各手分别持经、拨琴、念珠或莲花以及握着装有圣水的水罐。印度还有萨拉斯瓦蒂节日。左页那尊女神石雕是12世纪的作品，来自拉贾斯坦邦（Rajasthan）的帕卢（Pallu）。

下页的青铜雕像，中国读者应该很熟悉，因为他经常被当作印度文化的代表，他就是舞王湿婆。作为主宰破坏和生殖的神，湿婆具有创造和毁灭双重性。他头戴火焰冠，长着三眼四臂。三只眼分别象征着太阳、月亮和内心，洞察着过去、现在和未来。雕像中的他正在翩然起舞，四臂舒展，前两臂是印度教典型的姿势，左前手指着左脚，后面两只手分

舞王湿婆

12世纪
青铜　96cm×82.8cm×28.2cm
新德里印度国家博物馆

别持有象征韵律的小鼓和象征光明的火焰。他左脚抬起，右脚踩着一个
侏儒，表现出"时间征服者"的意味，而圆形的火焰圈则象征着创造、
保存、毁灭的轮回循环过程。在这尊12世纪的青铜雕像中，正在跳舞的
湿婆被塑造得精美绝伦、神采飞扬、韵律流淌。它是湿婆"舞王相"的
典型作品，被认为是印度湿婆雕刻作品中最富有神秘主义哲学意味的艺
术品之一。同时，雕像还体现了运动姿态中的安然神情，光环约束下辐
射的张力。这种动和静的对比统一，迎合了印度教的在变幻中永恒的思

想。印度是个数学很发达的国度，其神像也如斯。这尊舞王湿婆可能是数学范儿最浓的雕像了，他不仅由一个圆环包围，其一首、二足、四手恰满足数学的二分法。其舞姿除了一脚和多余的两手制造出来的动感外，其他手足位置和达·芬奇的"人体圆"也很接近。还有那环外和头上的火焰，分明已在表现分形了。

精致的印度贵族生活

博物馆里还展出了印度的民俗物品，这些物品的类别极为丰富，从衣食住行到诗文乐画，涵盖了生活的方方面面，极具印度文化特色，也极为精美雅致。然而，印度的贫富两极分化严重，这些展品大概只能反映贵族生活的一个方面。展品中最抓人眼球的应该就是那些让人惊艳的首饰了，各种宝石做成的装饰品实在是令人眼花缭乱。文物的解说词说：印度妇女在结婚时，首饰几乎覆盖从头到脚，简直是"武装"到牙齿。

印度国家博物馆展出的传统服饰

印度国家博物馆的传统印度首饰

INDIA
ANATIONAL
MUSEUM

163

印度国家博物馆随记

　　印度之行是一次难忘的经历。虽然印度是我国的近邻，但在有人的地方就有中国人的今天，我们对这块土地却格外陌生。我对印度的原始认识就是一个有着悠久文明的古国，一个出过政治家甘地（Mohandas Karamchand Gandhi）、诗人泰戈尔（Rabindranath Tagore）和数学家拉马努金（Srinivasa Ramanujan）这些伟大人物的古国，一个语言复杂、宗教纷繁的大国。然而，除了泰戈尔的哲理诗、拉马努金惊人的数学天赋、电影《印度之行》的感慨、音乐《拉兹之歌》的沧桑、旧上海街头的红头警察和印度女人穿的漂亮的沙丽，我却对它知之甚少。在印度的时间很短，只有一星期。为了进一步了解印度文化，我特意空出整个半天的时间造访了印度国家博物馆。事实证明，收获满满，非常值得，同时又感到时间还是短了点。

新 南 威 尔 士 美 术 馆

ART GALLERY OF NEW SOUTH WALES

新南威尔士美术馆外观

新南威尔士州美术馆（Art Gallery of New South Wales）坐落在悉尼市中心，临近环形码头。它建于1874年，是澳大利亚最大的美术馆之一，陈列着其境内最优秀的艺术品。馆内主要展出澳大利亚各个时期的本土艺术作品，也有印象派大师等世界级的欧美艺术品，以及亚太地区的艺术作品。每年澳大利亚美术界最重要的三项艺术大奖的评选都在这里进行，获奖的作品也都在这里展出。

新南威尔士美术馆大门　　　　　　　　　　　　　新南威尔士美术馆内庭

用画笔记录历史的澳大利亚画家

　　馆内藏品中有一件被称为是澳大利亚艺术的标志，这就是汤姆·罗伯茨（Tom Roberts）的《金羊毛》（*The Golden Fleece*）。澳大利亚畜牧业非常发达，以养羊养牛业著称，素有金羊毛之国之称，金羊毛也就成了澳大利亚的符号。说到符号，人们就会想到数学。的确，符号是个数学的元素，但它一点不神秘，已经衍生到人们生活的方方面面，被用来代表某类特定的事物，也承载某种特定的信息。金羊毛这个澳大利亚的符号一再被消费，博物馆也不例外。

　　汤姆·罗伯茨是英国出生的澳大利亚画家，他的画充满了带有澳大利亚情趣的生活风俗。例如，他画了好几幅有关剪羊毛的画，《金羊毛》就是这个主题的代表作之一。

　　金羊毛的故事原本出自希腊神话。古希腊有个国王叫阿塔玛斯（Athamas），他娶了云间仙女涅斐勒（Nephele）为妻，两人育有一女一

金羊毛

汤姆·罗伯茨
1894年 布面油画 104cm×158.7cm
悉尼新南威尔士美术馆

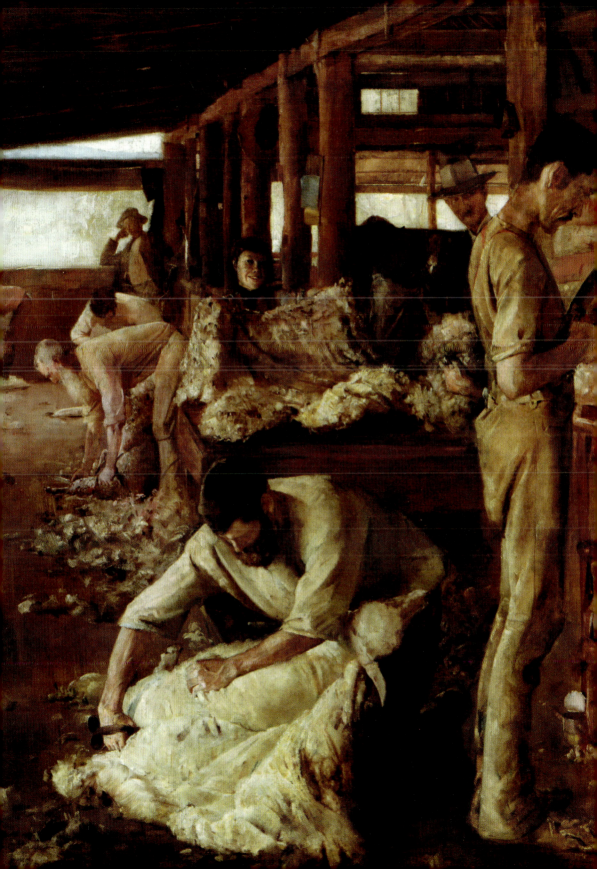

子——佛里克索斯（Phrixus）和赫勒（Helle），生活过得很幸福。后来，阿塔玛斯迷上了一个叫伊诺（Ino）的女人而喜新弃旧。涅斐勒悲伤地离开阿塔玛斯和她的孩子们，返回云间。伊诺视继子继女为眼中钉，从而向阿塔玛斯进谗言，说只有将王子活祭给神，才能消除旱灾。于是，涅斐勒派出一只浑身长满金毛并长有翅膀的飞羊去救孩子。姐弟二人骑着这只神异的金毛羊飞行在大海上，女孩赫勒不小心坠海而死。金毛羊安抚好佛里克索斯并将他安全送达彼岸，让他在科尔喀斯国王埃厄忒斯（Aeetes）的领地住了下来。佛里克索斯感谢天神庇佑之恩，将金毛羊献给海神波塞冬（Poseidon），并得到了金羊毛。实际上，他是将金毛羊还给了天庭，它就成了白羊座。佛里克索斯将金羊毛挂在战神阿瑞斯圣林里的一棵大树上，还让一条终年不合眼且其牙齿可以变成战士的大毒龙看守着。后来，各路英雄为争夺金羊毛导致战争连绵不断，故事也不断。

罗伯茨的《金羊毛》不是再现神话传说，而是一幅优秀的现实主义的画作。它描绘了一个典型的澳大利亚羊毛加工站，站棚外那种明亮、荒漫、辽阔的澳大利亚景象不可遏制地透进较昏暗的加工作业场面。站内，众多工人正在紧张地剪着羊毛，既忙碌又有序，一片热火朝天，那种澳大利亚特有的气氛扑面而来。从另一个角度讲，劳动才是真正的财富，是真正的金羊毛。

再来看看罗伯茨的另一幅作品《路困》（Bailed Up），它生动地记录了那个时代的澳大利亚。当时，有些从英国流放的罪犯在澳大利亚占山为王，拦路抢劫，长达几十年，罗伯茨的这幅画就描绘了这种状况。野性的山坡，凋零的杂木，粗犷的土地，原始的风光，澳大利亚早年荒芜的自然环境构成此画的背景。马车是当时的主要交通工具，一队马车在山路上遭遇拦截。坎坷的山路上布满了散树乱枝，阻碍了车队前进。画面上虽然没有出现土匪，但人们的焦虑、无助和混乱却溢出画面，使观者也不得不和

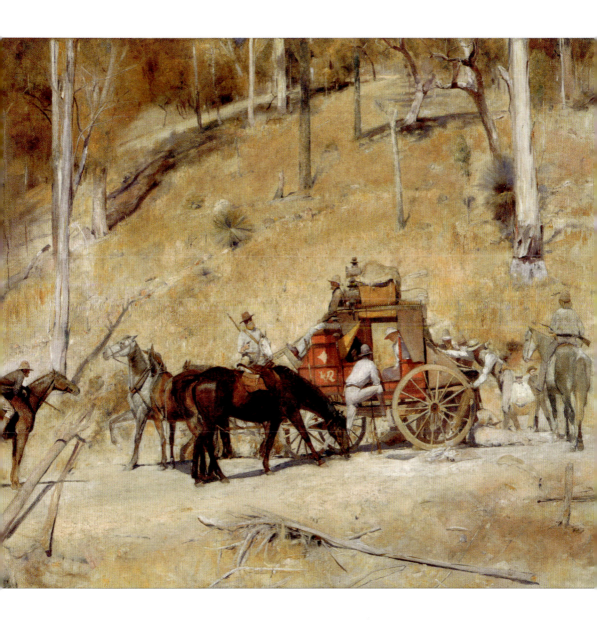

路困

汤姆·罗伯茨　1895年
布面油画　134.5cm×182.8cm
悉尼新南威尔士美术馆

车队一起着急：怎么办，怎么办？这幅画构思含蓄，画面简洁，特点突出，故事性强。更重要的是，澳大利亚风情被描绘得淋漓尽致。

查尔斯·康德（Charles Conder）也是一位英国出生的澳大利亚画家。他出生于一个建筑工程师的家庭，当然被希望成为一名建筑工程师。他16岁时来到悉尼，被安排跟随叔叔做土地测量员，但他更喜欢去画画而不是去测量，两年后辞职成为职业画家，后被称为澳大利亚印象派的奠基人。

馆内收藏的《出发东方 —— 环形码头》（*Departure of the Orient-Circular Quay*）是康德最伟大的作品。环形码头位于悉尼，而悉尼是欧洲人的首个澳大利亚殖民地，是当年英国第一舰队在抵达悉尼港后最先上岸的地点。很长时间以来，环形码头都是重要的航运中心，后来渐渐发展成一个集交通、休闲与娱乐于一身的综合社区。著名的悉尼歌剧院和悉尼大桥都在其周围，这个社区后成为悉尼最富地标性的风景区。康德的这幅名画从另一个角度描述了环形码头：在

今天的环形码头

出发东方——环形码头

查尔斯·康德　1888年
布面油画　45.1cm×50.1cm
悉尼新南威尔士美术馆

19世纪的一个雨天，船将离港，风萧萧，雨蒙蒙，道尽离别情愁。加入了人文情感印象的码头得到了一种艺术升华。作为对比，我们可以看一下如今的悉尼环形码头。

澳大利亚原住民文化

　　原住民文化是澳大利亚文化中特有而重要的一部分，与殖民者带来的西方文化、移民迁入的各种文化一起形成了澳大利亚的特别的多元文化。博物馆从原住民的生存环境、生活环境、劳动工具、精神图腾等方方面面反映了这个主题。特别是他们的艺术，我们可以感觉那就是他们生活、劳作、环境和精神密不可分的一部分，因而有着很强的生命力、很动人的美感。澳大利亚原住民的文化是全世界历史最悠久，迄今一直充满活力的文化，其中原住民艺术是其最精华的部分。一方面艺术是人们精神生活表现，也是在和大自然的共处中试图和自然及超自然对话的语言。原住民的生活与自然的关系十分紧密，因此其艺术也显得多姿多彩。我在美术馆看到了他们的奇特的手工艺装饰品以及与其宗教信仰有关的各种图腾。原住民艺术家的艺术创作中那带有热烈圈点特性的图案很有意思，也很迷人。它们表现出一种原始粗犷但又充满激情的韵律，有些和当今一些西方最现代艺术的风格相近。也许，最自由的艺术都是殊途同归。

原住民艺术品　　　　　　　新南威尔士美术馆的原住民艺术画室　　　　　新南威尔士美术馆的亚太陈列

博 物 馆 艺 术 拾 珍

ART GALLERY OF NEW SOUTH WALES

新南威尔士美术馆随记

　　到访新南威尔士美术馆是，我访问澳大利亚卧龙岗大学期间路过悉尼并在那儿过夜时的顺访。那天很忙，连淌了三个博物馆：澳大利亚人博物馆、悉尼博物馆和新南威尔士美术馆，晚上还去悉尼歌剧院听了场贾科莫·普契尼（Giacomo Puccini）的歌剧《托斯卡》（Tosca）。不过，我还是花了几个小时在新南威尔士美术馆。这家美术馆据说是澳大利亚最好的美术馆之一，不仅拥有一批世界级的藏品，还有很多澳大利亚本土画家的杰出作品。我在这里细细体会了澳大利亚文化——那种起源于西方文化，又融进了澳大利亚特有的狂野、自然的因素，同时又包容着由移民带进来的亚太和原住民特色的多元混合文化。

Museum 2

别具一格

　　艺术博物馆是丰富多
彩的，有些博物馆是凭其独
特的元素脱颖而出，更是值
得观赏。

Collection 1　莫 高 窟

MOGAO GROTTOES

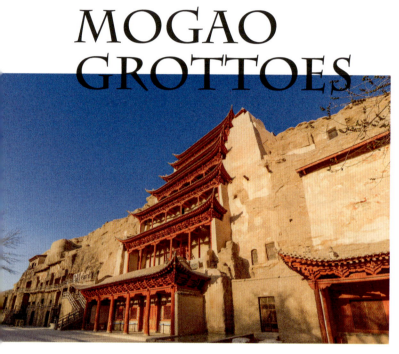

莫高窟96窟外层的九层楼

　　位于敦煌的莫高窟，俗称千佛洞，是中国著名的四大石窟之一，是世界上现存规模最大、内容最丰富的、保存最完好的佛教艺术宝库。它于1961年被国务院首批列为全国重点文物保护单位，于1987年12月被联合国教科文组织列为世界文化遗产并于1991年被授予"世界文化遗产"证书。它位于敦煌市东南，建凿在鸣沙山东麓断崖上。南北长约1600多米，上下排列5层，高低错落有致、鳞次栉比，形如蜂房鸽舍，壮观异常。

177

莫高窟始建于3世纪，虽然在漫长的岁月中受到了大自然的腐蚀和人为的破坏，但地处偏远让它得以躲避了中国历史上绵延战火的彻底毁坏，至今保留有十六国、北魏、西魏、北周、隋、唐、五代、宋、西夏、元等多个朝代的洞窟近500个，壁画4.5万多平方米，彩塑像2000多身，加上特别的干燥气候，很多壁画仍然色彩斑斓、美不胜收。莫高窟实际上就是古建筑、雕塑、壁画三者相结合的艺术宫殿。敦煌壁画的容量和内容之丰富，是当今世界上任何宗教石窟或寺院都不能媲美的。在洞窟的四周和窟顶，满是佛像、飞天、乐伎、仙女，有佛经故事画和佛教史迹画，也有神怪画和供养人画像，还有各式各样的精美装饰图案等。同时，莫高窟绝大部分的洞窟都存有塑像，从高达几十米的菩萨像到十几厘米的小罗汉，数量众多。此外，在一个封闭的石室中，还发现了大量的价值极高的古代经卷、文书、画卷等。它可称为是一座精美的艺术画廊、一座大型雕塑博物馆和一部佛教的百科全书。

莫高窟外景

灵动的飞天

　　敦煌艺术是历代艺术家们非凡创意的成果。在壁画中，没有重复的东西，即使是描绘同样的内容，画家们也会自主创作出完全不同的作品。虽然这些精美艺术品的作者大都没有留下姓名，却留下了他们惊人的想象力、夺天的技巧和永恒的艺术杰作。

　　飞天是敦煌的名片，也是敦煌艺术的标志。只要看到优美的飞天，人们就会想到敦煌莫高窟。敦煌所有洞窟中，几乎窟窟有飞天。飞上天不用翅膀，没有羽毛，只用飘逸的衣袖飞舞，绝对是中国特色。飞天究竟是哪路神仙，虽有多种记载，但能歌善舞是一致的，她们常在说经间隙歌舞，娱乐听众，所以有"神界文艺工作者"之誉。

飞翔一直是人类的梦想，不同于凡人不能上天的现实，想象中的神仙是可以自由自在地飞翔的。敦煌的飞天就是对这些想象的一种描绘。壁画中的飞天舞姿曼妙，长袖舒展，云乐相伴，自由自在。这不仅是形体的解放，更是思想的解放，飞天就是最好的诠释。那些衣袖、披风、彩条的流线让那些空中看不见的空气流体显现出来，而这些今天只能通过卫星和高速摄影机摄制或者用计算机通过数学模型模拟显现出来。这不能不让人惊叹。

反弹琵琶

提到敦煌艺术，人们最熟知的可能就是那幅《反弹琵琶》。

反弹琵琶是敦煌艺术中最优美的舞姿，这舞姿在112窟《伎乐图》中有生动展现。反弹琵琶的人是前排乐伎中间的那位伎乐天神。反弹琵琶者实际上是又奏乐又跳舞，高超的弹奏技艺和绝妙的舞蹈动作被集中在这个形象上。伎乐天神手持琵琶，伴随着仙乐翩翩起舞，举足旋身，刹那间琵琶翻到其身后，左手按弦，右手反拨，使出反弹琵琶的绝技。她神态悠闲、顾盼多情、雍容大方、衣荡裙飘、舞姿如游龙飞凤、摇曳生姿，项圈臂镯在舞动中随音乐叮当伴响，平添余韵。人物造型丰腴饱满，线描明快流畅，动感十足。敷彩以石绿、赭黄、铅白为主，使整个画面更加典雅、妩媚，令人赏心悦目。这幅《反弹琵琶》无论是主题表现，还是绘画技艺，乃至巧妙构思都取得了引人注目

《伎乐图》中的反弹琵琶

112窟　南壁东侧
中唐　敦煌莫高窟

的成就，是敦煌壁画中的代表杰作。即便今天，虽说边弹边舞并不稀
奇，但这种弹姿很难做到，不知是真有其舞，还是出自艺术家们离奇的
想象和杰出的创造。不管怎样，反弹琵琶已成为大唐文化的一个永恒的
符号。

萨埵太子本生图

428窟　东壁门南
北周　敦煌莫高窟

萨埵太子的故事

　　中国画的散焦特点不仅在画中可以展示时间，也给"说故事"提供
了可能。上面这幅《萨埵太子本生图》就是最佳范例，它讲述了释迦牟
尼的前世萨埵太子舍身饲虎的故事。故事情节自上而下，S形展开，分镜
为：宝典国王三位太子游玩，在山中遇上一只母虎带着七只小虎，饥寒

交迫，即将殒命。这情景让小王子萨埵心生怜悯，决定舍弃生命，救活老虎。但老虎已奄奄一息，无力食人，于是萨埵登上山顶，用竹子刺颈放血，并跳下悬崖，方便老虎进食，主动献身而亡。国王和王后闻讯悲痛欲绝，入山收殓太子遗骨到宝函中并起塔供养。

这幅连环画似的壁画讲了这么一个凄美的故事，这幅画的信息量可谓超大。

珍贵的佛教塑像

敦煌是佛教宝库，藏品自然和佛教有关，其中最多的自然是佛像。有巨大的立佛、卧佛，也有精美的多姿多彩的坐佛。

敦煌高校巡展展品——禅定佛副本（259窟）

敦煌高校巡展展品——盛唐佛龛副本（45窟）

雕塑是三维空间的艺术，创作难度相当高，但从敦煌保留下来的佛像来看，我们的古代民间艺术家已经拥有了相当高的水平。我们在此看两个有名的例子。

左页那尊禅定佛像身着袈裟，坐于莲花座上。作品线条简洁流畅，造型典雅端庄，面相秀美优雅，通身散发着一种安详恬静的氛围，展现出一种超然的境界。

上图是一组保存完好的盛唐精品，一佛，两弟子，两菩萨，两天王。中间的释迦牟尼结跏趺坐，左手扶膝，右手施印，庄严慈悲。两边的人物姿态各异，十分生动。

迦叶、胁侍菩萨、天王

45窟　盛唐　敦煌莫高窟

敦煌与丝绸之路

除了佛事，敦煌艺术也记载人事。大家都知道《西游记》唐僧取经的故事，这个真事＋神话的故事被记载在莫高窟的姊妹窟榆林窟里。不过在敦煌，我们要讲的却是322窟记录的张骞出使开通丝绸之路的故事。

陕西汉中人张骞于公元前139年受汉武帝之命率领100余人向西域进发，途中被匈奴俘获而滞留10余年，终于寻机逃脱，返回到大汉。公元前119年，张骞再次出使西域，历经数年，终通使大夏，"凿空"西域。从此，西汉与西北诸国开始频繁联系，丝绸之路正式开通，汉武帝以军功封其为博望侯。

敦煌作为丝绸之路的重要节点，也记载了这条神奇之路。丝绸之路在中国古代促成了中原和西域的交流。它始于长安（今西安），通过甘肃、新疆至中亚、西亚，连接地中海各国，是当时重要的陆上通道。最初，它主要用于运输贸易中国出产的丝绸等，后发展出多条道路。丝绸之路的意义远远超过了丝绸贸易本身。

张骞出使西域图

323窟　初唐
敦煌莫高窟

MOGAO GROTTOES

敦煌随记

敦煌，我一直想去，却多次错过机会，终于在2018年如愿去了莫高窟，可惜榆林窟还是没去成。另外，我还得到一个机会，参观了敦煌高校巡展。

先说高校巡展。由敦煌研究院、中国敦煌石窟保护研究基金会、同济大学联合主办的"敦煌壁画艺术精品高校公益巡展"，于2017年春在同济大学博物馆正式开幕，即日向社会公众免费开放。这也是该展在上海的第一站，结果吸引了大量观众。开始，我想在我们自己学校展览，先不着急，后来发现情况不对，赶紧起了一个大早去参观，出来时排队已转了两个弯。到展览后期，更是要排队好几个小时才能一睹敦煌芳容。

本次巡展展出的是经现代数字技术复制的敦煌壁画艺术精品66件、藏经洞文献复制品6件及绢画复制品5件、经典彩塑2身以及1个真实还原的洞窟。展品的主题有佛经故事、佛像、飞天、供养人、藻井等，其中不乏鸿篇巨制，画面造型多样，线条凝练，色彩瑰丽，整体饱满丰富，再现了敦煌艺术的辉煌。

令我感慨的是敦煌的数字复制做得真好，我可以一边欣赏壁画，一边阅读相关的解说文字，同时扫描旁边的二维码，进入相关专题网站，了解更多知识。

展览还有一个让人可以身临其境的洞窟VR虚拟漫游体验。在这个名为"走进敦煌洞窟"的VR影像体验区内，参观者戴上VR头盔就有机会虚拟漫游30个敦煌石窟。而在敦煌莫高窟中，轮流开放数量有限的洞窟，更多的因保护的原因不对外开放。可惜的是排队人太多，没有体验成。

而亲历莫高窟是一个更为难得的体验。最近去莫高窟参观游览的人越来越多，几年前已开始网上预约，可是这每天6000个预约名额一额难求。有人千里迢迢来到敦煌，等上多日不能一睹窟容。于是，窟区管理部门在旅游旺季专门发行了一种应急票，根据情况有不同额度，如最多每天12000，可以当天排队买。这种票的价格不到预约票的一半，没有导游，只能参观固定的4个窟。而预约票可以在导游带领讲解下随机参观8个窟。由于窟内文物的脆弱，参观时不能拍照，只能在导游的特殊手电指引下，领略窟内的神秘、奥妙和精彩。不过即使这样，在充分理解的情况下，由于有预约我很幸运地参观了10个窟。或许有机会再去敦煌，再随机看一下另外的窟吧。从这个角度说，数字复制确实很伟大，可以让更多的人欣赏敦煌。为了加强对敦煌的理解，我还参观了敦煌博物馆，观赏了融入式大型实景演艺项目《又见敦煌》和我早就知道这次才欣赏到的演了近30年仍经久不衰的著名大型情景舞剧《丝路花雨》。

Collection 2　提 森-博 内 米 萨 博 物 馆

MUSEO THYSSEN-BORNEMISZA

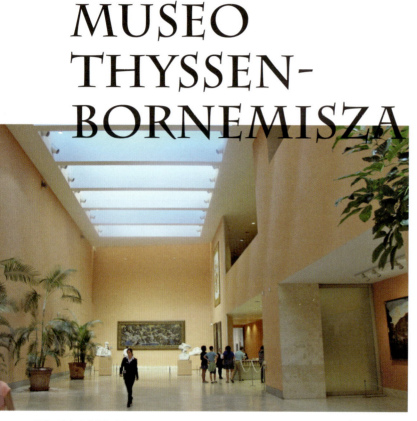

提森-博内米萨博物馆大厅

　　提森-博内米萨博物馆（Museo Thyssen-Bornemisza）囊括来自提森家族祖孙三代的绘画藏品，被誉为20世纪无与伦比的西方绘画私人收藏，显示出提森家族独到的艺术眼光以及他们对艺术的热爱与追求。如今，这些艺术瑰宝属于全体西班牙人民乃至世界人民。

　　提森家族始于德国，其后代散于世界各国，因创建钢制品、电梯和自动扶梯工业联合企业和银行业而发达。不过，让这个家族真正闻名世界的却是他们的艺术收藏。收藏始于奥古斯特·提森（August Thyssen），他向罗丹定制的大理石雕塑成为收藏的基础。奥古斯特的继承者海恩里希·提森－博内米萨（Heinrich Thyssen-Bornemisza）和其子汉斯·海恩里希·提森－博内米萨（Hans Heinrich Thyssen-Bornemisza）开始了提森藏品的真正发展。经过苦心经营，他们仅用两代人的时间便汇集了出自西方绘画史上最杰出画家之手的近850幅精品，令提森藏品享誉世界。

20世纪80年代，年事已高的汉斯不愿看到凝结家族心血的提森收藏因子女继承遗产而分崩离析。虽然多国都在争取提森收藏，但汉斯的最后一任妻子西班牙女士卡门·瑟维拉（Carmen Cervera）成为将提森藏品落脚马德里的关键人物之一。1993年西班牙政府以象征性的3.5亿欧元正式购买了提森收藏，为它们提供了永久的安身之所——埃尔莫萨宫（Villa Hermosa）。这座建于18世纪的宫殿坐落在马德里中心地带，与普拉多博物馆隔街相望，同索菲亚王后艺术中心遥相呼应，共同构成了马德里博物馆艺术金三角。

与以古典收藏为主的普拉多博物馆和以现代艺术为主的索菲亚王后中心不同，提森博物馆更像是一部生动的西方艺术史，在用大师们的作品娓娓叙述艺术发展。来自世界各地的游客在这里可欣赏到横跨8个世纪的西方艺术精品。馆内的展厅及绘画作品按时代排列，参观者可在各个时代的艺术大师代表作的引领下漫步艺术历史之旅：从意大利、荷兰的早期绘画到文艺复兴、巴洛克、洛可可、古典主义，再到印象派、后印象派、表现主义、立体主义、抽象主义、超现实主义，甚至波普流行艺术、前卫艺术。它的藏品包括许多一流的画家的作品，如鲁本斯、德加、莫奈、塞尚、梵高、高更、卡拉瓦乔、克利、毕加索、达利、米罗等的作品，其藏的精彩程度更是国际一流。各种艺术精品让人目不暇接。

提森家族起源于德国，后将自己的珍藏放在了西班牙马德里，它本身就体现了这个博物馆虽源自私藏却有相当的国际性的特点。

博物馆入口，墙上的
巨幅画像是提森夫妇

来自德国的绘画

　　提森家族来自德国，馆藏中自然有德国画家的重量级作品，其中包括老卢卡斯·克拉纳赫、丢勒、丢勒的学生汉斯·巴尔东·格日纳（Hans Baldung Grien）、德裔美籍画家查尔斯·费迪南德·魏玛（Charles Ferdinand Wimar）以及许多无名德国画家的画作。

　　格日纳是丢勒最有才华的学生。他虽然师从丢勒，但广学兼纳，很快就形成了自己的风格，他的绘画题材多样。提森博物馆收藏的《妇女肖像》（*Portrait of a Lady*）是其仅存的妇女肖像。画中的妇女着装华丽隆重，表情却有点怪异神秘，有些老卢卡斯·克拉纳赫作品的神韵。

妇女肖像

汉斯·巴尔东·格日纳
1530年
木板油画　69.2cm×52.5cm
马德里提森-博内米萨博物馆

丢失的踪迹

查尔斯·费迪南德·魏玛
1856年
木板油画　49.5cm×77.5cm
马德里提森-博内米萨博物馆

虽说是肖像画，画中妇女的身份却难以确定。现在普遍认为，这是一幅抽象肖像，不是具体个人的。或许，画家在通过这幅肖像表达他内心的某种感受。

德裔美籍画家魏玛出生于德国锡格格堡，15岁随家人移民美国。他将自己的绘画主题集中到印第安人的原始狩猎生活。《丢失的踪迹》（*The Lost Trail*）就是描述了一群身着印第安服装、头戴印第安头饰的狩猎者在寻找丢失了的野兽踪迹的场景。有人马上眺望，有人下马细查。整个画面场景开阔，基调热烈，一种粗犷野性的精神洋溢于画布之上。

甜腻的洛可可风格与弗拉戈纳尔

洛可可艺术（Rococo）是18世纪产生于法国后遍及欧洲的一种艺术风格。Rococo一词由法语Rocaille（贝壳工艺）和意大利语Barocco（巴洛克）合并而来，Rocaille是一种混合贝壳与石块的室内装饰物，而Barocco（巴洛克）则是一种之前流行的宏大而华丽的艺术风格。洛可可风格也可看作是巴洛克风格的晚期，即巴洛克的瓦解和颓废阶段，其艺术形式具有轻快、华丽、精致、细腻、繁复、柔和等特点，被广泛应用在建筑、装潢、绘画、文学、雕塑、音乐等艺术领域。洛可可风格的绘画作品多描写上流社会男女的享乐生活，游山玩水时的田园诗般的风情，并配以秀美的自然景色或精美的人文景观。

提森的藏品当然少不了洛可可绘画代表作。让－奥诺雷·弗拉戈纳尔（Jean-Honore Fragonard）是洛可可风格画家代表，其知名作品有《秋千》（*The Swing*）、《读书女孩》（*A Young Girl Reading*）、《跷跷板》（*The See-Saw*）等。他的作品被广泛收藏于各大博物馆，提森有幸收藏了他的代表作《跷跷板》。

弗拉戈纳尔画艺精湛，其作品极为生动，充满故事感。尽管有《农家的孩子》（*The Farmer's Children*）这样的作品将画笔聚焦于普通百姓，但他的画大都描绘贵族的聚会、出游、玩耍、调情等充满轻松愉快氛围的生活场景。《跷跷板》里的快乐简直就是扑面而来，弗拉戈纳尔画了四个正在花园里玩跷跷板的孩子。那个个头小点的孩子，为了压起个头大点的女孩，不惜拉上两个可爱的婴儿。而女孩被弹起的瞬间，抓住了一条弯曲的小树枝，顿时有了飞起来的感觉。画面光线明媚，结构极不稳定，动感十足。人物表情轻松愉悦，正在欢腾嬉闹。背景被若隐若现的花草点缀，前面还有为野餐准备的饮料水果，童趣十足，让人看了心情大好。

跷跷板

让-奥诺雷·弗拉戈纳尔
1750—1752年
布面油画　120cm×94.5cm
马德里提森-博内米萨博物馆

印象派足迹 —— 毕沙罗的小路

　　提森收藏的近现代作品中精品也不少。我参观提森时，馆内正举办印象派大师毕沙罗的巡展。提森博物馆也永久收藏了毕沙罗的那幅《泥泞中的小树林》(*The Woods at Marly*)。

　　卡米耶·毕沙罗（Camille Pissarro），法国印象派大师。在印象派诸位大师中，毕沙罗是唯一一个参加了印象派全部八次画展的画家。他不仅是印象派的先驱，也是其坚定的中流砥柱。印象派起初饱受批评，当时一位极有影响的评论家说："那些自封为艺术家的人，拿起画布、颜料和笔，胡乱涂抹一番，就算完成了自己的大作。这群家伙爱慕虚荣，近乎疯狂。应该让毕沙罗懂得，树不是紫色的，天空也不是新鲜的牛油色。在乡村里，我们找不到他画的那些。"在印象派艰难成长、备受打击时，毕沙罗仍然不改初衷，努力发扬光大他们的绘画理念。他一生都在不断探索，不断吸收别人的技法，尝试各种风格，最后凝聚成他独有的毕沙罗风格。正如他自己所希望的，终于在画面上表现了"纯净、简洁、敦厚、柔和、自由、自发性和新鲜感"。他活着看到了印象派的成就，也看到有更多的新画派的兴起。在他去世前一年，远在塔希提岛的高更写道："他是我的老

泥泞中的小树林

卡米耶·毕沙罗
1871年
画布油画　45cm×55cm
马德里提森 - 博内米萨博物馆

**通往在卢弗西艾恩的
凡尔赛之路**

卡米耶·毕沙罗
1869年
布面油画　38.4cm×46.3cm
巴尔的摩沃尔特斯艺术博物馆

瓦赞村入口

卡米耶·毕沙罗
1872年
布面油画　46cm×55.5cm
巴黎奥赛博物馆

师。"在他去世3年后，塞尚在自己的展出作品目录中恭敬地签上"保罗·塞尚，毕沙罗的学生"。

毕沙罗很喜欢画小路，也许因小路能留给人们更多的想象。在《泥泞中的小树林》中，我们能看到泥泞的艰难和落满小路的树叶，但树的蓬勃充满着收获和希望。我们再来欣赏毕沙罗的两幅情感表达完全不同于《泥泞中的小树林》的印象派风景画代表作《通往在卢弗西艾恩的凡尔赛之路》（*Road to Versailles at Louveciennes*）和《瓦赞村入口》（*The Entrance to the Village of Voisins*）。这两幅作品画的都是法国乡村的景象，内容非常相像：村口、小路、路边的小屋和树、远方的教堂以及路上的马车和行人，都有阳光照耀。两幅作品都应用透视法，沿着小路延伸，在画面最重要的黄金位置都有一辆外出的马车。而那些树叶也都有泼墨感。然而由于季节和气候的不同，这两幅画传达给观者的感受也完全不同：后者热烈、丰裕，是放开的感觉，前者冷艳、严峻，是收敛的感觉；画里光线的来源通过树木、房屋和人物的影子来传达，恰似画家表达情感也是通过这样一种借助环境的方式。其实关于类似的风景和不同的时节，毕沙罗画了很多乡村风光，他通过乡村风景系列来映射不同的情感。

立体主义的先驱

提森收藏的西班牙近现代画家除了耳熟能详的毕加索、达利、米罗等，还有费尔南德·莱热（Fernand Leger）和胡安·格里斯（Juan Gris）。立体主义的作品藏品格外突出。

巴勃罗·毕加索，西班牙画家、雕塑家，立体画派创始人。他长期在法国生活及进行艺术创作，是当代西方最有创造性和影响最深远的艺术家之一。他为20世纪的艺术史留下色彩绚丽的一笔，被称为"人类艺术史上罕见的天才"。同时，他是法国共产党党员，曾积极投身于反法西斯的战争。

大名鼎鼎的毕加索在生前就已功成名就，为后人留下大量的画作。所以，在博物馆遇上毕加索不是件难事，提森也就不例外。要说哪个博物馆因收藏他的画而著名反而难见，当然他在法国和西班牙都有自己专门的博物馆。在这里介绍一下提森收藏的这位杰出的艺术家的一幅作品，从而窥见一下他的艺术风格。

这幅画叫《斗牛》(Bullfight)。斗牛是流行西班牙的民间娱乐活动。斗牛在毕加索的画中多次出现过。如果说在这幅画中，毕加索还只是单纯地反映斗蛮牛的精彩，而在之后的《格尔尼卡》里，蛮牛就被他暗喻为了法西斯。毕加索在这里已经提前"斗"了。从艺术角度说，斗牛的主角并没有出现，画家只展示了红布挑逗下的牛在中箭前与中箭后身体的两种状态，中箭前的红鼻厉角凸显其暴躁，中箭后被处理成灰化直指其僵软。毕加索将这两种状态压缩在一幅画里。牛的多脚和比目面精准表现了毕加索作品立体主义的风格。毕加索画的特点是常把两只不同方向看到的眼睛放在一张脸上，这被称为"比目面"。这种处理让斗牛的紧张和激烈之感扑面而来。

1937年4月26日，德国法西斯空军轰炸了西班牙历史名城格尔尼卡，2000名无辜平民丧生，格尔尼卡被夷为平地。这事件震惊了世界，也震惊了侨居巴黎的毕加索。他以此为题创作《格尔尼卡》，将法西斯暴行曝光。该画当时无法去画家祖国西班牙展出，辗转多地后，直到1981年才回到西班牙，实现了画家的遗愿。现在，它陈列于马德里的索菲亚王后艺术中心。

这幅画的画面很写实，尺幅也很大，只有黑白灰三色，像是留在人

斗牛

巴勃罗·毕加索　1934年
布面油画　54cm×73cm
马德里提森－博内米萨博物馆

记忆深处的哀叹。这幅画采用几何剪贴的艺术语言，将超时空的形象组
合；采用了数学映射的手法表达象征：公牛象征强暴，受伤嘶叫的马象
征受难国，灯火象征光明与希望等。画中的很多描绘似乎都可在古典艺
术作品中找到原型：妇女怀抱死去的婴儿仰天哭号，恰似米开朗基罗的
《圣母怜子》，一个手握鲜花与断剑张臂倒地的士兵形成的十字形象像一
幅倒地的耶稣受难图。熊熊火焰中一个人高举双手、仰天尖叫，让人联
想到戈雅作品《1808年5月3日夜》中就义者的临终呼号。除了死婴，
画中所有人的嘴都是张大的，发出一种强大的无声呐喊，烘托着恐怖、

痛苦、紧张和绝望的氛围，只有手持灯炬的女人给了整个画面一丝亮色。从结构上看，不同的灰度的图像互相交叠，通过光线构成了一个三角形，其中有线将画面分成互相制衡的两块。画面充满动感和夸张变形的形象，乱而有序，紧而有驰，既有着丰富多变的细节，又有着力突出的重点，表现出毕加索深厚的艺术功力和博大的人文情怀。

近代的立体主义由毕加索、乔治·布拉克（Georges Braque）和胡安·格里斯领衔推动。三剑客之一西班牙画家格里斯很早便显露出绘画天赋，后来进入马德里美术与工艺学校学习，但父亲的破产令他不得不过早地开始卖画糊口。1904—1905年，他有幸随老画家何塞·莫尔诺·卡尔勃纳诺（Jose Moreno Carbonero）习画并开始完全致力于艺术创作。

格尔尼卡

巴勃罗·毕加索
1937年 布面油画
349.3cm×776.6cm
马德里索菲亚王后艺术中心

1906年，他来到巴黎，成为亨利·马蒂斯（Henri Matisse）、布拉克和莱热的朋友，并开始追随和推动毕加索的立体主义运动。胡安·格里斯的创作宗旨是："绘画中的结构部分是数学与抽象的问题，我要赋予它人性化。"

提森博物馆收藏了他的代表作《抽烟者》（*The Smoker*）。通过这幅作品，我们可以触摸到他的一些艺术理念。在这幅画中，格里斯将他的绘画对象碎片化后重新组合。不过这幅画重组得还算规则，基本上都是矩形、梯形和三角形，好似让绘画对象经过多次折射、反射最终映到了一大块有规则几何裂纹的玻璃上，有条不紊地呈现了多个角度的面和角，以此让观者感受到超出平面的丰富层次。这幅画很好地诠释了立体主义的含义。

抽烟者
————
胡安·格里斯
1913年
画布油画 73cm×54cm
马德里提森 - 博内米萨博
物馆

MUSEO THYSSEN-BORNEMISZA

205

提森－博内米萨博物随记

　　那次，我去西班牙开会，转机路过马德里，转机空隙只有5小时。怎么用这5小时，我颇为犹豫。见到索菲亚王后艺术中心有达利巡展，既然碰上了，那就一定要去。买了票，发现票上规定的参观时间在5小时后，没希望了。不过，我还是努力了一下，拿出机票向管理人员求助，还好他们同意让我没排队提前进去了。里面虽然不让拍照，但我还是得到一个珍贵的机会，较全面地欣赏了达利的作品以及相关的展品，收获颇大。出来后还只剩两小时，要在普拉多和提森之间选择。普拉多去过又太大，这两小时去提森更合适，虽然短些，快点应该可以看完。就这样，我在提森"闪"了两小时。不过提森给我的收获大大出乎我的意料，没想到一家起于私人收藏的博物馆会有如此精彩、丰富的内容。世界闻名的大家几乎都没缺席，展品的时间跨度也非常大，从中世纪到现代。我只感到两小时实在太短，实在没看够。更何况，提森还有个毕沙罗的特展，展出时间一直到晚上10点，但是飞机不等人，真的没时间了！只好遗憾擦肩而过。回去看了下提森的历史，深为提森家族三代人为矢志不移地收藏世界艺术珍品而做出的努力以及最后让藏品落地西班牙、献给大家的慷慨而感动。

Collection 3　西 雅 图 美 术 馆

SEATTLE ART MUSEUM

西雅图美术馆前的《锤榔人》

西雅图美术馆（Seattle Art Museum）位于美国西部城市西雅图，它的门口有一座四层楼高的铁铸雕像《锤榔人》（*Hammering Man*），现在已成为西雅图市中心非常著名的地标。雕像的主角是一名举着榔头辛苦工作的工人，这座扁平的全黑铁雕因为装有动力装置所以可不停地劳作，既有古老的质朴，又有现代的风格。这个巨大的铁雕映射在现代化的楼体上，就像一个巨大的劳作的影子照在光鲜漂亮的建筑上，时时提醒人们不要忘记劳作者的辛苦。这是雕刻艺术家乔纳森·布鲁弗斯科（Jonathan Borofsky）的作品。

美术馆里面的收藏与展览，主要是以亚洲、非洲以及北美地区的原住民艺术为主，三楼的展览大厅也经常举办各种不同类型的特展，例如连环画展，还有各式新潮的现代艺术展览。固定展出的部分又以印第安艺术最具吸引力，它包括了北美地区最好的原住民艺术创作，像是面具、图腾、手工雕刻品等。

因为西雅图位于美国和加拿大的交界处上，所以其印第安艺术涵盖了美国和加拿大（在加拿大叫第一民族）原住民艺术的精华。尽管这个博物馆还收藏着亚洲、非洲、南美洲艺术以及西方古典和现代艺术，但既然这个博物馆的特点就是原住民艺术，我们在这里就主要看看原住民艺术。

北美原住民艺术

原住民艺术独具特色，无论其目的是实用还是祭祀或是象征，都能反映出其共有的艺术根源：人与大自然的密切关系以及人与神灵世界的联系。原住民的生活与自然的关系十分紧密，因此他们创作的艺术品也显得多姿多彩。一方面艺术是人们精神生活的表现，也是人们在和大自然的共处中试图和自然及超自然进行对话的语言。我在博物馆看到了他们奇特的手工装饰品，也看到了他们制作的精美首饰、夸张变形的人脸面具以及各种与宗教信仰有关的图腾。

下面这对门柱来自加拿大不列颠哥伦比亚海岸的第一民族大厅，原为斯科（Scow）家族拥有，后被捐给博物馆。门柱呈渡鸦形，用红雪松雕刻而成。渡鸦为第一民族所崇拜的神鸟，它的身上雕满了装饰图案。

原住民的渡鸦门柱

1884—1945年
雪松木　457.2cm×335.3cm×86.4cm
西雅图美术馆

每个柱身雕有三只渡鸦，其翅膀上还有两只眼睛，威严挺立，不可一世。柱子前面还陈列着第一民族在祭祀时所使用的渡鸦面具。柱子起到了打通人类和玄妙的神灵世界的作用。规整有序又活泼灵动，颇有现代艺术之风范，现代艺术本来就不是无根之木。

　　《杀人鲸》（*The Killer Whale*）是美国原住民艺术家普雷斯顿·辛格尔特里（Preston Singletary）的作品。他说："杀人鲸是我家族的徽章，这个图案只用于家族长老的墙面，以区别于其他成员。它被放在入口，以作欢迎来宾的盛礼，我喜欢其通向未来的'门槛'的隐喻。"辛格尔特里将原来的木料换为现代的玻璃材料，进而做成这件艺术品。可以看出，这面墙的风格和渡鸦门柱很像，但玻璃制品的特质让它散发出一种似透非透的神韵，又别具风味。

　　马斯魁（Musqueam）原住民艺术家苏珊·鲍因特（Susan Point）的《第一人》（*The Killer Whale*）直接刻画了加拿大的第一民族。这些鸟形、兽形的面具看起来很像中国的戏剧脸谱，不过它们不是用于唱戏的，而是用于祭祀或进行其他重大活动的。原住民认为戴上这些面具有利于和上苍的沟通，他们的心愿和祈福也就能被神灵接受。

杀人鲸

普雷斯顿·辛格尔特里
2003年
玻璃　182.9cm×233.7cm
西雅图美术馆

第一人

苏珊·鲍因特
2008年
雪松　365.8cm×226.1cm
西雅图美术馆

北美原住民的面具和王袍

其他地区的原住民艺术

　　西雅图美术馆的原住民艺术品收藏不限于北美的原住民创作的艺术品，还有澳大利亚、南美和非洲的原住民艺术品。除了各自的文化特点，原住民艺术具有抽象性、象征性和神秘性这些共同的元素。

　　右页最上的绘画作品是澳大利亚原住民艺术家奈瑞玛（Nerrimah，也叫Mawukura Jimmy）的作品《Wayampajarti》，它充满活力和神秘气息。蛇形的图案像流动的液体，淌满画面，热烈而柔软，缠绵而灵动，围绕着中间的"水口"。被强调的部分构成一只鸟形，让人联想到奔放的祈祷仪式、图腾和崇拜，也容易联让人想到"迷宫"以及数学名词"路径"和"分形"。

　　非洲的原住民艺术品通过夸张和变形来演绎神秘，这或许就是原始祖先对未知大自然的敬畏，其特点是造型奇特、夸张、怪诞。右页最下左图和中图展示的是常见的非洲家具和服饰，从中就可以看出这种特点。例如，椅

Wayampajarti

奈瑞玛　1999年
布面综合材料
122cm×122cm
西雅图美术馆

子被做成了一种让人匪夷所思的人的造型，不禁让人联想到毕加索作品的造型。由于非洲艺术更古老，毕加索可能就是在那里找到的创作灵感。

最下右图中那个小陶俑是墨西哥陶雕蛇巫师，具有玛雅神谱和浑厚凝重的南美艺术特征。他在逗弄着一条蛇，还带着一个特殊的口罩，试图与蛇口对口。传说风神经常以鸟和蛇的形式出现，陶俑也就被塑成这种姿态，以表现风神。陶俑雕刻非常精美，漂亮的帽子和腰带、脚上和手上的装饰都让人印象深刻。

非洲雕塑、家具和装潢艺术

非洲仪式场景模拟

墨西哥陶雕

名画画廊与金苹果裁决

　　作为一个地方美术馆，西雅图美术馆总体来说比较新。虽然对古典艺术的收藏有限，但也办出了自己的特点，在有限的古典收藏中也不乏亮点。除了有提到过的梵高、毕沙罗等欧洲大师的作品，此馆的重点是德国画家老卢卡斯·克拉纳赫。

　　老卢卡斯·克拉纳赫（Lucas Cranach the Edder），德国文艺复兴时期重要的画家及平面设计师。他与丢勒齐名，1505年起担任宫廷画师，是德国多瑙河画派的中坚人物。除了创作大量的祭坛画和讽喻画，老克拉纳赫还为多位王公和宗教改革的代表人物画了大量的肖像画。他的工作室后来被其子小卢卡斯·克拉纳赫继承，他们家族笑傲画坛好几代。他的代表作有《喷泉边的仙女》（*The Nymph at the Fountain*）等。

　　老克拉纳赫以其一贯运用的怪诞手法，反对宗教禁欲主义，其画中人物形体稚拙，颇含深意。他画的裸女自由袒露，释放着自然的天性，但并无狂欢般的放荡，显示出有节制的反禁欲精神及对人类自由天性回归的向往，反映了文艺复兴的精神。在《喷泉边的仙女》中，裸女在泉边自然平躺，头发散开，摆着一副诱惑的姿态，但表情却很平静，没有半点浪荡。周边的小鸟和树都质朴可爱，好似一个童话世界。

FONTIS NYMPHA SACRI SOMNI
NE RVMPE QVIESCO.

喷泉边的仙女

老卢卡斯·克拉纳赫
1530—1534年
木板油画　75cm×120cm
马德里提森-博内米萨博物馆

帕里斯的评判

老卢卡斯·克拉纳赫
1516—1518年
木板油画　63.5cm×41.9cm
西雅图美术馆

帕里斯的评判

彼得·保罗·鲁本斯
1632—1635年
木板油画　144.8cm×193.7cm
伦敦英国国家美术馆

　　西雅图美术馆收藏了他的一幅重要作品《帕里斯的评判》（The Judgment of Paris）。《帕里斯的评判》是耳熟能详的《荷马史诗》里的经典希腊神话故事，也是画家们喜欢的画题，俗称"金苹果裁决"。这个金苹果也被叫作"引致纠纷的金苹果"，它导致了特洛伊战争的爆发。公平裁决是数学中的大问题，希腊神话告诉我们，一旦不公，后果很严重。但数学发展到今天，所谓的追求公平也只能在一定前提条件下可以实现，没有绝对的公平，如何在一定范围内相对公平仍留有大量未解的区域。何况古代，要裁决的可是美丽这样的抽象概念。

215

帕里斯的评判

彼得·保罗·鲁本斯
1638年
布面油画　199cm×381cm
马德里普拉多博物馆

根据希腊神话传说，英雄佩琉斯（Peleus）与海中女神忒提斯（Thetis）的婚宴邀请了一批名神，但管辖纠纷的女神厄里斯（Eris）却未被邀请。心怀不满的厄里斯不请自来了，她一言不发，在宴席上留下一个华丽的金苹果，上面刻有"献给最美丽的女神"的字样。在场神级最高、同时也最为美艳的三位女神——天后赫拉（Hera）、智慧女神雅典娜和美神阿芙洛狄忒为抢夺金苹果起了争执。她们要求宙斯来评判谁可以获得金苹果。宙斯则把评判交给潇洒俊朗的特洛伊王子凡人帕里斯（Paris），帕里斯当时正在特洛伊城附近的伊达山上牧羊。于是，赫拉、雅典娜与阿芙洛狄忒在神使赫尔墨斯（Hermes）的引导下找帕里斯做仲裁。三个女神为获金苹果，分别对帕里斯许诺威权、智慧和爱情。结果，帕里斯不爱江山爱美人，把金苹果判给了阿芙洛狄忒。后来，帕里斯在奉命出使希腊时，爱上了斯巴达美貌绝伦的王后海伦（Helen），带走她的同时还带走了大量的财宝。于是，为了雪耻，希腊联军和特洛伊之间爆发了著名的特洛伊战争。

在老卢卡斯·克拉纳赫的画中，三个美女裸体而站，全身盔甲的帕里斯正在睡觉，赫尔墨斯正在使劲推醒他，金苹果并不在画中。这幅画的名字里虽有帕里斯，但三位美女却抢尽风头，她们的美丽不分伯仲，画家以当时的审美标准让她们美不胜收。

以此为题的画作很多，在此放两幅鲁本斯的同名作品，以作对比。在鲁本斯的画中，帕里斯都手持金苹果，他在画中的位置也比较显目，至少没有输给女神们。画面上还多了些美神之子丘比特之类的小天使，对女神们的刻画也更加丰腻。由此可看出，100年后人们的审美观念在发生变化。

SEATTLE ART MUSEUM

217

西雅图美术馆随记

西雅图是我访问加拿大后去美国访问的中转站，我在这里停留了两天，当时就感受到了西雅图特有的一种扑面而来的活力。这个位于美国和加拿大交界处的城市，有着很大的包容性，不仅有原住民文化的沉淀，还有各种移民文化的活力，更重要的是它还有自己的特点，没有在大混杂中面目不清。也就是说，这座城市有着一张鲜明的城市面孔和充满激情的城市精神，让人印象深刻。

西雅图美术馆就是这个城市特点的体现，它虽然不那么古典，却又有着各种文化艺术的交织，精彩纷呈得让人难忘，更何况它还办各种巡展。这个博物馆的一个亮点是原始艺术。我一直认为，原始艺术更接近抽象艺术，从而更接近数学，那些看似简单的几何图形从来就不简单。也许科学和艺术就是这么螺旋发展，看似回归却踩在了一个更高的层次。于是，我们可以在原始艺术中发现很多惊奇和灵感，我的这个想法在这座美术馆中得到了证实。我访问这座美术馆时，它正举办连环画展。没想到艺术大师戈雅、毕加索都画过连环画，这彻底颠覆了我对连环画是"小人画"的印象。事实上，大师们的连环画很有想象力，故事性也更强。想想也是，在传播技术有限的时代，连环画应该是一种重要的传播方式，因而也一定有很久的历史。

THE POTALA PALACE

布达拉宫外景

　　宗教气氛依然浓烈的布达拉宫是一座很特别的博物馆。它具备多重角色，是藏汉和亲的历史遗迹，是藏传佛教的寺庙，是旧西藏政教合一的中心，是多代达赖喇嘛的居所，也因珍藏了佛像、壁画、唐卡、经卷等无数瑰宝，加上其本身独特壮丽的建筑艺术，成为一座宗教艺术的博物馆。

7世纪初，松赞干布统一各部，定都拉萨，建立吐蕃政权。641年，他与唐朝联姻，为迎娶文成公主，在拉萨玛布日山上修建了宫殿，有大小房屋1000间，并用佛经中菩萨的住地"布达拉"（梵文音译）来给宫殿命名，称之为"布达拉宫"。宫殿后遭雷电战火烧塌部分，至吐蕃王朝灭亡时，宫殿几乎全部损毁，只留下了两座佛堂。1642年，五世达赖喇嘛建立了甘丹颇章政权，拉萨再度成为青藏高原的政治中心。1645年，五世达赖重建布达拉宫白宫并于1653年入住其中。从那时起，历代达赖喇嘛就都居住于此，重大的宗教和政治仪式也都在这里举行，布达拉宫由此成为西藏政教合一的统治中心。首住布达拉宫的五世喇嘛并没有享受自己的杰作很久就离世了。为安放灵塔，1690年扩建宫殿形成红宫。整个布达拉宫的重修到1693年基本完工，总共历时18年，耗银百万两。此后，历世达赖喇嘛增建了5个金顶和一些附属建筑。1936年，十三世达赖喇嘛的灵塔殿建成后，布达拉宫今日的规模形成。1959年以后，中央政府十分重视布达拉宫的维修和保护，常年拨款维修，特别是1988年国务院拨出巨款对布达拉宫进行大规模的维修，次年10月开工，历经5年，顺利完工。

雪域建筑奇迹

布达拉宫屹立在拉萨西北的玛布日山上，是一组恢宏的古堡式建筑群，也是世界上海拔最高的宫殿。由于巧妙地倚仗山势，所以宫殿显得格外巍峨雄伟。宫殿的主体建筑分白宫和红宫，主楼13层，高117米，由宫殿、灵塔殿、佛殿、经堂、僧舍和庭院等组成。布达拉宫占地总面积36万多平方米，建筑总面积共13余万平方米，房屋数千间，布局严谨，错落有致，体现了西藏建筑工匠的高超技艺。整座宫殿金碧辉煌，红白相间的墙体和经幡交相辉映，色彩艳丽，还有石木交错、分部融合、层层叠加之字形递进的建筑型体，都体现了藏式古建筑迷人的风采，那种迭代的数学味十足。在背后洁白雪山的相衬下，宫殿显得圣

各色经幡

洁高贵，气象万千。宫殿里还珍藏了佛像、壁画、唐卡、经卷等无数瑰宝。

　　白宫横贯两翼，为达赖喇嘛生活起居地，由各种殿堂长廊组成，内部摆设精美，布置华丽，墙上绘有与佛教有关的绘画，多出自名家之手。红宫居中，供奉佛像，松赞干布像、文成公主和尼泊尔尺尊公主像数千尊，以及历代达赖喇嘛灵塔，黄金珍宝嵌间，配以彩色壁画。且不说那些用真黄金（据说有几十万两之多）和珠宝铸成的灵塔，就是随便展示的文物也件件价值连城。

　　围绕布达拉宫，色彩斑斓的经幡随风舞动。此处时常可以看见虔诚朝拜的藏民，他们从遥远的藏区雪域各个角落，历经数月，路途坎坷，风餐露宿，这样一步一长拜而来，目标就是朝拜布达拉宫。到了拉萨，还要绕拜布达拉宫数圈。

藏文化的百科全书——唐卡

唐卡（Thang-ka）也叫唐嘎、唐咯，系藏文音译，指用一类藏文化独有的彩缎装裱后悬挂供奉的宗教卷轴画。它是一种独具特色的绘画艺术形式，具有鲜明的民族特点和浓郁的宗教色彩。其题材内容涉及藏族人民的宗教、历史、政治、文化和社会生活等诸多领域，被誉为藏文化的百科全书。唐卡种类多样，多为在纸本和布面上绘制，制作方式有织锦、缂丝、刺绣和贴画等。绘画的颜料传统上是采用金、银、珍珠、玛瑙、珊瑚、松石、孔雀石、朱砂等珍贵的矿物和藏红花、大黄、蓝靛等植物，以示其神圣，很多宝石甚至被直接镶嵌于其上。这些天然原料保证了其所绘制的唐卡色泽鲜艳，璀璨夺目，即便经历几百年岁月磨砺，仍保持色泽艳丽明亮，无愧为中华民族绘画艺术的珍品和非物质文化遗产。布达拉宫里珍藏着各朝代传留下来的唐卡。

生命轮回唐卡

19世纪 布本设色
189cm×173cm
伦敦大英博物馆

传统唐卡的绘制不仅技艺精繁，而且具备仪式感。其过程要求严苛，程序极为复杂，必须按照经书中的仪轨及上师的要求进行，包括绘前仪式、制作画布、构图起稿、着色染色、勾线定型、铺金描银、开眼、缝裱开光等一整套工艺程序。制作一幅唐卡用时较长，短则半年完成，长则需要十余年。

最会写诗的活佛

布达拉宫里有着无数珍宝，令人目不暇接，其中最为尊贵的可能是那些被供奉着的前世喇嘛的纯金塑像。这些塑像庄严辉煌、精美绝伦，涉及人物众多，这里专门谈谈最为传奇的六世达赖喇嘛。布达拉宫里留下了他唯一的生活遗迹，他曾经的寝宫——德丹吉殿。

六世达赖喇嘛，仓央嘉措，被誉为"情歌圣手"，在位时间不长，他的情歌却一代代流传下来。1682年2月25日，五世达赖喇嘛阿旺罗桑嘉措在刚刚重建好的布达拉宫圆寂。其弟子桑结嘉措根据他的遗愿和当时西藏的局势，密不发丧，倚仗天高皇帝远，隐瞒僧侣大众和康熙皇帝达14年之久。1696年，康熙皇帝在平叛准噶尔中得知被瞒五世达赖喇嘛的死讯，大为恼怒，兴师问罪桑结嘉措。于是，多年前就已被寻到且隐藏起来的14岁转世灵童于次年被迎到拉萨并仓促坐床，他就是后来以浪漫诗人闻名于世的六世达赖喇嘛仓央嘉措。当时的西藏政局动荡，仓央嘉措虽然身为西藏政教首领，却不能掌握政教大权。1706年，由于当时西藏的政教斗争祸殃，桑结嘉措被杀，仓央嘉措被告。于是，仓夹嘉措的达赖活佛之位被康熙皇帝废除，并被押送北上，途经今青海湖后便没有了下落。一个版本是他在青海湖滨染病去世，按照传统实行了天葬。另一个版本说他舍弃名位夜中遁去，周游蒙古、西藏、印度、尼泊尔等地，后来在阿拉善去世，终年64岁。更有其他扑朔迷离的传说版本让这位传奇人物充满了神秘的色彩。但读到他的诗，人们更愿意相信是第二个版本。

223

达赖喇嘛源流图
——仓央嘉措唐卡

18世纪　布本设色
140cm×73cm
北京故宫博物院

　　他的出名并非因其坎坷的活佛经历，而是因其不脱世俗的感情生活。
他满口佛经却又风情万种，创作了大量诗歌，现在还能找到他那些情歌
的手迹。很多被传唱，整理出来的也越来越多，有不少被质疑为后人
"加菜"。不过经学者考证，不同的译本出版了六七十首，也有民间版本
几百乃至近千首。他的诗一反人们对喇嘛的刻板印象，还原了一位有血
有肉、有着真情实感的高僧。据说八廓街的玛吉阿米，就是他当年与情

人幽会的地方，很多游客专门去那里寻找他浪漫的痕迹。不过时迁物非，现在那里是个商业味很浓的餐厅，这个餐厅甚至还"连锁"到了北京。

这位似乎不食人间烟火的喇嘛，留下的情诗或者爱深意切：

在那东方高高的山尖，
每当升起那明月皎颜，
玛吉阿米醉人的笑脸，
会冉冉浮现在我心田。

或者哲思感念：

第一最好不相见，
如此便可不相恋。
第二最好不相知，
如此便可不相思。

或者情禅并重：

曾虑多情损梵行，
入山又恐别倾城，
世间安得双全法，
不负如来不负卿。

或者悠扬飘逸：

在这短短之今生，
这样待我已知足。
不晓来世少年时，
我俩是否能再晤。

我不知道这位活佛学过多少数学，但他的诗里除了洋溢情感也处处跳出数学意念来体现这种情，如映射、选择、假设等。

THE POTALA PALACE

布达拉宫随记

　　我至今怀念着那片清澈透明、湛蓝得可以淹没大地的天空和那块纯净晶莹、洁白得可以溶化天空的大地。那就是西藏,离天最近的地方。西藏给我的第一印象是粗狂而清亮,阳光毫无顾忌地倾洒大地。山、野、天形成白、黄、蓝几大色块,点缀着少许羸弱植被的绿色,像是一位现代派大师的大手笔。然而,看高原美景的代价是高原反应——人轻飘飘,像是荡在云里,却又飞不起来。在晕晕乎乎中,我访问了罗布林卡、色拉寺和布达拉宫以及拉萨附近的纳木错湖。

　　布达拉宫对我其实并不神秘,因为去之前已经听过故事、看过照片很多次。我拜访布达拉宫的那天,高原反应还没有过去,平路都不敢快走,爬楼更觉吃力。尽管已有了很多先验的感觉,但当我真正站到这座著名的宫殿前,还是深深地被震慑住。那些一步一长拜的藏民的虔诚更是让我感动。

　　我沿着之字形阶梯艰难地攀爬,颇有些朝圣的感觉。那些珍贵的文物、精美的艺术品彻底改变了我过去对藏文化的弱见,同时让我深刻体会到了佛教博大精深的内涵,也看到了自古以来西藏是中国不可分割的一部分的铁证。还有那用大量黄金和珠宝铸造的灵塔,使我想到:黄金并不只是装饰,它也能塑造尊贵的纪念。当然更重要的是深深体会到藏文化是灿烂辉煌的中华文化中的一颗璀璨明珠。

Collection 5 木 心 美 术 馆

MUXIN MUSEUM

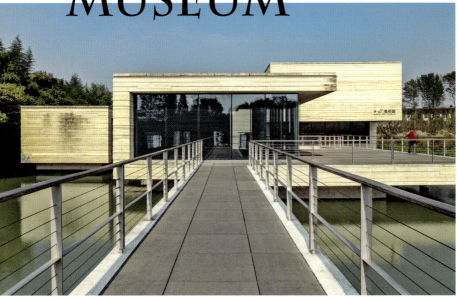

木心美术馆外观

有一类美术馆是艺术家的个人美术馆，如巴黎的罗丹博物馆、阿姆斯特丹的梵高博物馆等。他们的作品或许已被各大博物馆收藏，但他们的个人博物馆一定是独具自己特色的。在这里，你可以细细体会艺术家的独特气质，追寻艺术家独立的足迹，和他们进行一对一的密谈，从而有不一般的收获。木心美术馆就是这样一座独特的美术馆。

水乡的建筑明珠

　　木心，本名孙璞，字仰中，号牧心，笔名木心，当代文学家、画家、诗人，一位早慧而晚成的大家。他毕业于上海美术专科学校。在动荡坎坷的时代，他命运多舛，早期作品流失，1982年移居纽约，2006年回乌镇定居，在那里度过了他人生的最后几年。他出版过多部著作，早期在纽约华人圈中被视为深解中国传统文化的精英和传奇人物，最近几年被大陆读者了解和推崇。木心先生的画作被大英博物馆收藏，他的散文更是脍炙人口。其学生陈丹青赞誉："木心先生自身的气质、禀赋，落在任何时代都会出类拔萃。"一批当代著名的画家、文学家深受其艺术影响。

　　木心美术馆坐落在乌镇，是一座的简洁现代建筑。美术馆一如木心先生低调、高雅的风格，与他心仪的简约美学相契合。它跨越乌镇元宝湖水面，坐北朝南，与对岸的大剧场在水中相映成趣，成为乌镇西栅一道优雅秀丽的风景线。美术馆由贝聿铭弟子、纽约OLI事务所的冈本博、林兵设计督造，

乌镇风光

木心使用过的家具

由OLI设计师法比安主持馆内设计与布展。美术馆的建造历时4年，内部装修一年半，2015年11月竣工，其总体占地6700平方米。木心先生曾以"风啊，水啊，一顶桥"高度概括并预见了今天建成的美术馆与周边故乡的景致。而"桥"的隐喻，恰是他毕生贯通东西方文化，融汇文学美术的艺术实践的绝佳写照。"风啊，水啊，一顶桥"的木心手笔也显眼地悬挂在美术馆的入口处。呵！这句不正概括了我们世界的气体、液体和气固体三种状态，及其背后的气体动力学、流体力学、结构力学和沟通支撑它们的数学？而一座桥的含义更深，意味着在这变换世界中的坚持和理解。

勾起回忆的收藏

美术馆收藏了木心先生的手稿、诗画还有音乐作品，更有一些录音录像资料，让参观者觉得离先生很近。一进门，木心的气息就扑面而来，那种在读书时轻轻萦绕，现在却可触流淌的气氛让人印象深刻。

"生活在任何时代，我都是痛苦的，所以不要怪时代，也不要怪我！"

美术馆里播放着木心先生震人发聩的话，用他那略带吴语口音的声音说出来更觉得穿透力极强。经过苦难又在海外漂泊多年的他没有哀叹命运不公，也没有指责时代，而把这种"醒者"的痛苦轻描淡写归结于一种不可选择、不可逃避的与生俱来。

木心使用过的文具

木心先生用过的家具、文具带着20世纪的强烈时代特征。先生的手稿是不让拍的，不过那隽秀的笔迹让人感到非常亲切，正如老话所说，见字如面。但是，在如今计算机通用的时代，这样的遗产将会被剥夺，以后除了书法家谁还会留下笔迹？

木心画作

既然是美术馆，馆里自然有展示木心先生的许多美术作品。总体来说，先生的大多数作品比较沉闷，颜色很重，感觉这些作品是其思想的另一种表达，好像他在混沌中艰难地探索。他不屑那些"人人皆知"的浅薄，艰难地发掘着一些深藏的奥秘，这样的过程自然是晦涩痛苦的，一反窗外的明朗。那些今天被人津津乐道的精辟论点或许就是他找到的珍宝。先生还喜欢画一些画轴，长长的窄轴上气象万千。

美术馆里有一间很别致的阅览室，阅览室像一个阶梯教室，前面通透的玻璃连接着户外的大自然。一边墙全是书架，上面挂着古今中外许多先哲的画像，在这里可以随心所欲地阅读先生的书。如果你有时间，那么就可以在这里静静地和先生对话。隽永的木心警言箴语在美术馆的墙上更是随处可见。

木心阅览室

木心箴语墙

MUXIN
MUSEUM

231

木心美术馆随记

　　自从读到木心的作品，我便不能自拔，更不可救药地成为木心的粉丝。我买了陈丹青编辑的《文学回忆录》，以及许多木心的文集。我有空就会拜读一些，每次读后都有清风拂尘之感。阅读着陈丹青的笔记，就好像在一起聆听着木心先生的课，和木心先生一起讨论着对文学、对艺术、对哲学的看法。我遗憾木心曾离我不远，却无缘相见，羡慕嫉妒恨陈丹青那帮画家，居然有这样的福气，可以成为那么少的一些人，面对木心，听课5年。我只能幻想着这样的情景：或在海外的阁楼里，或在水乡的小船上，和木心先生海阔天空地聊天。木心先生高屋建瓴、洞彻人心而又贯通中西的大气让我怀疑自己那些幼稚的观点是否可以有对话的空间。唯一让我感到安慰的是我比木心先生略微多懂一点数学。

　　乌镇是木心的故乡，也是木心的归宿。造访乌镇，我只有半天时间，但我最想做的事就是去拜访木心的故居。然而正值周末，久雨初晴，来乌镇踏青的人山人海。乌镇分西栅和东栅，木心的故居在东栅，而我先去了西栅。但我一进西栅就如泥牛入海，无法脱身，直至傍晚。好在木心美术馆在西栅，故居下次再说了。不过让我纳闷的是为什么叫美术馆？是不是叫纪念馆更好些？不过我又一想，按照先生的习性，他一定不喜欢被人"纪念"。可能还是叫美术馆好些。美术馆终于圆了我走进木心的梦。

　　观罢美术馆，我仍然不能从那种淡然却渊博、亲切却深刻的氛围中走出而汇入江南水乡上那熙熙攘攘的人群。先生的话一直在耳边回响：

　　　　看清世界荒谬，是一个智者的基本水准。看清了，不是感到
　　恶心，而是会心一笑。

Collection 6 阿 尔 罕 布 拉 宫

ALHAMBRA PALACE

阿尔罕布拉宫远景

　　西班牙是块神奇的土地。在这块土地上交融着多种文化的血液，尤其是南部，历史上各种文化在此拉锯角力，有过血腥暴力，也留下了色彩斑斓的东西文化轨迹。阿尔罕布拉宫，这座嵌在欧洲大陆的瑰丽的伊斯兰风格皇宫就是明证之一。

　　阿尔罕布拉宫位于西班牙南部安达鲁西亚大区的格拉纳达，建造年代为13—14世纪，面积1.3平方千米。大概由于其建筑物偏红的暖色调，"阿尔罕布拉"的阿拉伯语意为"红堡"，因此它又被称为"红堡"。华美的宫殿，优雅的花园，浓异的情调，神秘的传说，西班牙一直流传着古谚语："如果您离世前都未到阿尔罕布拉宫走一趟，那么您这辈子就白活了！"

时代的回音

　　千百年来，各路人马在这片神奇的土地上来来往往，最终都消失在历史长河中，阿尔罕布拉宫作为见证者之一更是几经起伏。在荒芜了几百年后，阿尔罕布拉宫在19世纪被重新发现，经过修葺成为今天的旅游胜地，并于1984年与其对面的赫内拉利费宫一起列入世界遗产名录。几百年来，许多名人都在这里驻足过，并留下了精彩夺目的经典。

　　1829年春天，美国著名作家华盛顿·欧文（Washington Irving）来到这里访古探幽。他看到城堡的第一眼，就被深深地迷住了。于是，他一下子在这里住了3个多月。根据听到的古老传说，在神秘的阿尔罕布拉宫获得的灵感以及他的想象，欧文写出了集随笔、记事、神话和传奇于一体的《阿尔罕布拉的传说》（*Tales of the Alhambra*）。这部文学巨著简直就是一部西方版的《天方夜谭》，也是他众多色彩缤纷的文学作品中一部闪闪发光的大作。

阿尔罕布拉宫入口

1907年初，维新变法失败后周游列国的康有为游历至此，详细记录下了他追溯阿尔罕布拉宫的历史轨迹。或许这个奇异的地方触动了康有为的思古幽情，启发他形成了伊斯兰文化对欧洲文明发展有影响的独到见解。这些见闻对这位毁誉参半的历史人物产生了什么样的影响，真是令人好奇，很值得研究。另一位中国作家田晓菲对在这里因错按相机而遗失大量照片深以为憾。为留住记忆，田晓菲在2005年成书的《赭城》中，用优美的文字记载了从一个中国人的角度通过深层次游历这个宫殿对西班牙摩尔文化产生的感悟。作为诗人的她，用各种文化的诗句串起了文明的珍珠。

阿尔罕布拉宫不仅成为文学家们的创作源泉，也给艺术家们带来了灵感。西班牙作曲家、吉他演奏家弗朗西斯科·塔雷加（Francisco Tarrega）在1896年来到阿尔罕布拉宫时，看到夕阳映衬下的宫殿

阿尔罕布拉宫内部穹顶镶嵌图

美丽而悲壮，有感而发写下了不朽的吉他名曲《阿尔罕布拉的回忆》（ *Recuerdos de la Alhambra* ），并取副标题为"祈祷"。这首名曲不久就由西班牙这个吉他发源地开始风靡全球，并享有"名曲中的名曲"之盛誉。这首乐曲充分发挥了吉他的音色特征，从头至尾运用轮指法，同时配有分解和弦的伴奏，令颤音的效果发挥得淋漓尽致，音色层次极为丰富。乐曲的演奏难度很大却意境优雅，完美体现了回忆和现实交织中欲理还乱的情绪。这种"轮指"和"颤音"恰似宫中随处可见的伊斯兰风格的镶嵌画，令回忆和现实紧密镶嵌又闪出闪进。曲乐开始时，充满西班牙韵律的曲调中流露着一种忧伤，正如阿尔罕布拉宫现状，历经沧桑，荣光西下；接着音调转为明朗，从中可以感受阿尔罕布拉宫昔日的辉煌，切中"回忆"的主题；在轮指的交替下，乐曲在宣泄了纠缠复杂的情感后以一种宁静中有着百般回味余音绕梁的方式结束。听众仿佛跟随如泣如诉的乐曲一同经历了宫殿的沉浮，令人浮想联翩，感慨万千。

1926年，具有"数学艺术家"美称的著名画家莫里兹·科内利斯·埃舍尔在一次短暂的旅行中认识了阿尔罕布拉宫。他深深着迷于其中富有音乐韵律感和数学周期性的镶嵌画。在努力尝试创作不果后，埃舍尔于1936年在妻子的陪同下再次来到阿尔罕布拉宫。镶嵌壁画中那富有韵律周期性的花纹中隐藏的丰富可能性点亮了画家的创作激情。那段时间，他与妻子日夜临摹那些镶嵌壁画，并将临摹作品带回家仔细研究。

经过艰苦探索研究，埃舍尔终于掌握了镶嵌的窍门，加上应用他所擅长的变形和循环的技巧，融会贯通地表达了数学味十足的哲学思想，得心应手地完成了许多流传于世的精美作品。在埃舍尔的镶嵌画里，什么都可以嵌在一起，例如下页的《天使和魔鬼》（ *Angels and Demons* ）。这幅画将两个极端对立物完美嵌合起来，哲学意味深刻，反映了埃舍尔从阿尔罕布拉宫的镶嵌画中领悟和勘透的人生。

阿尔罕布拉宫里伊斯兰风
格的镶嵌壁画

天使与魔鬼

莫里兹·科内利斯·埃舍尔
1914年　木版画

今天的畅想

2013年夏天，我沿着先人的脚步，轻轻叩开了那向往已久的神秘大门，踏入了肃穆、绮丽且辉煌的宫殿，恍惚间从西欧大陆走进了阿拉伯故事《一千零一夜》的梦境。各种感受纷至沓来，所幸我并未丢失相片，可以和大家分享这些直接的和间接的感觉。

进入内廷之前，首先经过一排大炮，使人生出感慨：文明和暴力就像不可分割的难兄难弟。在满目精美的文明遗产中，被历史尘埃掩盖住的血腥和硝烟味似乎并未散去。这块热土正是各种文化冲突最惨烈的地方之一。据说，宫殿的主体部分是由诗人和哲学家设计的，整个宫殿由众多院落组成，被划分为行政部门、仪式场所和王族居所三大部分，互相独立又巧妙相连。

门口的大炮

进入内宫，首先来到金廷。金廷有着两扇一模一样的大门，初来者常常不知应走哪扇门，也不知门后迎接自己的会是什么。这让人想起了美国作家弗兰克·斯托克顿（Frank Stockton）的寓言故事《美女还是老虎》（*The Lady Or The Tiger?*）。他是不是也在这里得到了启发？故事中美丽公主的情人打开了两扇大门中的哪一扇？这是一个两难的选择，无论怎样都会让公主心碎：一扇门背后是夺走她心上人生命的老虎，而另一扇门背后是偷去她心上人爱情的美女。这成了经典的世纪之谜，然而墙壁上镌刻着伊斯兰诗人伊贲·赞拉克（Ibn Zamrak）的诗句是这样暗示的：

　　道路在此一分为二，西方的魅力吸引着东方。

穿过金廷，来到了香桃木院（也有译作常春藤院、桃金娘园）。院中的长方形水池空灵飘逸，倒映着蓝天白云和恢宏的城堡。这种方池是典型的伊斯兰风格。虚实幻真，好像隐喻着伊斯兰的真谛，心境如水，清澈真挚。

阿尔罕布拉宫的金廷　　　　　　　阿尔罕布拉宫的香桃木院

精美的伊斯兰雕刻装饰和镶嵌壁画比比皆是，甚至连伊斯兰的文字都有这样的特点。这大概这就是伊斯兰文明的图解。宫里典型的伊斯兰纹饰图案多为色彩艳丽，形式极为繁复，显示出一种结构美，这些就是带给塔雷加和埃舍尔灵感的镶嵌图形。很多图形取自自然形状，如星星、贝壳、花等，据说还有些图案暗示着毕达哥拉斯定理，即直角三角形斜边平方等于两直角边平方之和。从数学的眼光看这些符号，它们隐含着数学中的许多元素：几何、对称、平衡、映射、周期、连通、循环……神奇的是，这些基本的数学元素在摩尔人的手中可以通过诸如平移、反射、旋转等方式进行无穷无尽的变换，像是万花筒一样传播到建筑的各个角角落落，令人叹为观止。

阿尔罕布拉宫的伊斯兰文字镶嵌壁画

穿过正厅便节堂，就批达了闻名遐迩的狮子庭院。所有第一次步入此庭院的人都会倒吸一口凉气：太精美了！甚至怀疑自己是不是置身天堂。金碧辉煌的圆弧拱门边石柱林立，纷纷然有种屋里屋外淡化边界、逐渐开朗的效果。庭中的喷泉再次运用了水，这次水不是静的，而是动的，让人感觉这次不想静静地感受自然，而有种想与天交流的冲动。然而，庭中那

阿尔罕布拉宫的狮子庭院

阿尔罕布拉宫的狮子庭院走廊

圈背负着石盘和喷泉的雕刻狮子却过于简陋，与美轮美奂的庭院建筑全然不相对称。多年来，这些狮子一直被人骂。是后来人的画蛇添足，还是摩尔人以丑映美的美学杰作，就只能留给游人自己去猜测和体会了。

从庭院出去就到了回廊围绕的皇家花园，这个花园也充满伊斯兰的风情。特意被种植的热带植物看起来葱郁整洁，花卉草木修剪成型却又自然生长，加上水的巧妙陪衬，别有一番中东情趣。在庭院外担起保卫职责的塔楼，高挑而又注目，警惕地审视远方，时时提醒着游客：创造文明和保卫文明同样重要。后来，人们在宫中建造了圣玛利亚天主教堂（Church of Santa Maria）。这座教堂是17世纪在清真寺遗址上建成的建筑物，内含礼拜堂、巴洛克式的祭坛和所罗门柱。其风格居然和宫殿整体风格接近，并没有突兀的感觉，尤其是外墙的装饰很有伊斯兰的味道。然而，这座建筑也承载着历史和宗教的矛盾，这从教堂的规模和利用效果就可以看出。看来不同文明在表面上和平和谐的相处并不是不可能的，但内在的冲突仍然很难调和。

阿尔罕布拉宫中的天主教堂

阿尔罕布拉宫中的贵妇人塔

赫内拉利费宫中的水渠庭院

　　教堂后面就是花园的贵妇人塔。塔与周围那层层叠叠的花卉、水池、树木、楼亭、远山、云天浑然一体，相映成趣。可以远眺，可以近赏。这里是阿尔罕布拉宫最美的庭院之一，因为开阔，也因为有云、山的衬托，给观者一种天人合一的感觉。在这里，一时之间分不清哪是水，哪是天，哪是形，哪是像。

　　和阿尔罕布拉宫一起入遗的赫内拉利费宫是格拉纳达苏丹的夏宫，修建于格拉纳达苏丹穆罕默德三世（Muhammad Ⅲ）的统治时期。它原本与阿尔罕布拉宫用横跨峡谷的走道联系在一起。宫里的核心建筑水渠庭院是保存下来的最古老的摩尔花园之一，也被认为是维护得最好的安达卢斯中世纪花园，有人称之为西班牙最美的花园。那长长的水渠以水为拱门，这次水直接扮演了心灵之门的角色，接通了天和地、白天和黑夜、东方和西方。

　　最后，用伊贲·萨里的诗结束阿尔罕布拉宫的回忆。

　　最精致的一个夜晚，
　　是这样一个夜晚——
　　把眼睛和睡眠远远分开，
　　把耳环和脚环连来。

ALHAMBRA PALACE

243

阿尔罕布拉宫随记

　　因为去西班牙南部开数学学术会议，我在会后顺便造访阿尔罕布拉宫。访问前忙于学术，没有做足功课。去时真叫一个惊艳，在那怎么看都是疑问和感叹。那些神秘的伊斯兰艺术和与数学千丝万缕的联系让我动容。回来后，我才急急忙忙地补课。进一步了解了这个神奇的地方后，真是后悔，如果事先多做点功课，我的收获一定会更大。

Collection 7 以色列博物馆

ISRAEL MUSEUM

以色列博物馆外观

以色列是个历史悠久的国家，它有着辉煌的文明。耶路撒冷更是一个复杂且神奇的城市，它是三大一神宗教（犹太教、基督教和伊斯兰教）的圣城。因此，这座城市内的博物馆也独具特色。

以色列是世界上人均博物馆最多的国家，加上处处都有古迹，整体文化氛围很浓。以色列博物馆（Israel Museum）建于1965年，并于2010年翻新。它设在耶路撒冷，是以色列国家级博物馆，也是中东地区较为重要的博物馆之一，尤其是它收藏了全球最多的有关《圣经》的文物。整个博物馆分为犹太文物、考古发现、艺术品和民族收藏品等展区。位于坡顶展馆中间广场的一个苹果内核的雕塑十分引人注目。联想犹太人漂流世界各地的历史，虽历尽苦难，但犹太文化的内核始终保持着，苹果核雕塑就意味深长了。

专一又兼容的犹太范儿

　　这家博物馆虽然犹太味十足，但也照顾了多民族的文化。由于犹太人散布世界各地，所以犹太文化也带着各种文化的烙印，因此这个博物馆一点不缺乏国际范儿，埃及、罗马文物等也不少。艺术馆里还收藏着塞尚、高更和莫奈等一流艺术家的作品。

　　一进门就能看见7尊竖立着的公元前用陶土制作的人形立棺，像是博物馆的岗兵。它们虽没有埃及木棺那么华丽，却质拙古朴，应该是古以色列人的墓葬陶棺。以色列有着悠久的历史，考古馆自然文物丰富。

人形立棺

公元前14—前13世纪
陶　高190cm
耶路撒冷以色列博物馆

夏琐王宫的石盆

公元前15—前13世纪
玄武岩
110cm×90cm，直径78cm
耶路撒冷以色列博物馆

犹太法律经筒

19世纪　银、木
高19—116cm，直径5—28cm
耶路撒冷以色列博物馆

以上两图展示的两件文物分别来自考古文物展室和犹太人与人种史展馆。上图是古代犹太文化的代表文物——来自夏琐（Hazor）王宫的石盆，上面雕有象征上帝的八芒星，花纹装饰有叙利亚和赫梯的风格，具信它被用于宗教仪式。下图是犹太人在诵经节时使用的经筒，这种经筒全称为"犹太律法经筒"（英文为torah），一般是银制的，用于存放律法卷轴。经筒雕琢精美，银光闪闪。这让人联想到同样是圆

柱形的藏传佛教的转经筒，不同宗教也有相似的用具。

博物馆中的博物馆

博物馆里面还有一个博物馆，叫死海古卷博物馆（The Shrine of the Book），这种博物馆里套博物馆的形式很有意思。这个博物馆珍藏着现存的最古老的《圣经》手稿，它就是整个博物馆的镇馆之宝。

247

1947年，一位居住在死海附近的阿拉伯青年为寻找失踪的羊，进入了荒凉峡谷的隐窟，发现了被装在陶罐内的希伯来文羊皮卷轴。这些手抄《圣经》可溯至2000年前，是人类发现的年代最早的《圣经》抄卷。所以，这件文物对犹太人来说有多重要就不言而喻了。他们专门建了一个博物馆来保存这件圣物。博物馆有一个圆形白顶，一个美丽的数学形状，很像一三次曲线绕中心旋转而成。旁边有黑色玄武岩的矩形墙壁，与之形成鲜明对比，让整个博物馆散发出神秘的气氛。存放古卷的圣物箱则在地表以下，旨在"重现"发现古卷的"洞穴"场景。进入"洞穴"后，灯光昏暗，探险氛围十足。

死海古卷博物馆屋顶   古卷残片

露天城市模型

　　博物馆里还有一个露天小城模型，它正是耶路撒冷古城在第二圣殿时期的模型。耶路撒冷历史上有两座圣殿，可惜皆被毁。今天，第二圣殿只下了一堵"哭墙"。站在这个模型前，我们好像可以感受到古耶路撒冷的神秘和精彩。模型展示了公元66年处于辉煌时期的耶路撒冷。它最大限度地复原了当时的第二圣殿和周围的耶路撒冷城市景观。模型的比例约为1∶50，于1962—1966年建造。只要有新的考古发现，模型就会根据研究结果加以修正。在这个模型中，华丽的圣殿及其巨大的庭院，希律王宫的宫殿，以及当时的民居、街道和集市等都展现在观者眼前。

古耶路撒冷第二圣殿时期的城市模型

ISRAEL MUSEUM

以色列博物馆随记

　　我抵达耶路撒冷时正是当地的星期六，即犹太教的安息日。这对旅游者来说不是一个好时间，这个时间，整个城市都是停顿的，连餐馆、公交都关闭、停运了。朋友们一直关心耶路撒冷是不是安全，我说非常安全，如果要死的话，那也是饿死的。我正愁不知怎么度过这宝贵的半天时间，宾馆的服务员告诉我，博物馆是开的！于是，我步行半个多小时来到博物馆，虽然时间有点损失，但我还是度过了一个美好的下午。以色列博物馆的历史虽说不算长，但世界各地犹太人的慷慨捐助让其展品极为丰富。其展馆分布在一个小山坡上，占地8万多平方米，很难一镜收尽。不过整个展区开阔舒展，花木树草盈盈，竖立着许多现代艺术雕塑，更像是公园，没有一丝古董的压抑感。我一直逛到闭馆，尽量更多地了解犹太文化。

Collection 8　耶莱巴坦地下水宫

YEREBATAN SARNICI

水宫一瞥

　　土耳其名城伊斯坦布尔的耶莱巴坦地下水宫（Yerebatan Sarnici），建在著名的圣索菲亚斜对面西南方的一座小房子下。它建于532年，是拜占庭时期到奥斯曼帝国时期的地下蓄水池，也当过军事弹药库。这个140米长、70米宽的地下水池可储水10万吨，至今仍有鱼在其中游弋。几百根巨大石柱支撑起巨大的宫殿，每根柱子上都雕刻着精美的类数学图案。宫殿里面一倒置一侧置的美杜莎头颅石雕，更是让它名气大增。

地下建筑和神秘的水宫

251

  地下建筑，古今中外都有。特别是古老的地下建筑，一般都和战争有关。很长一段时期，伊斯坦布尔都有着一个挥散不去梦魇，当地人总能听到潺潺的流水声，却不知声从何来，于是各种不靠谱的传说甚嚣尘上。直到16世纪，荷兰旅行家发现水宫，这个谜团才被揭开。原来，人们的脚下深埋了一个建于近1000年前的地下水宫。悠长旷远的流水声，再加之那些奇幻的传说，使这个水宫充满诡异。其实，这座地下建筑的建造目的十分明确，就是储水。这个大蓄水池是东罗马帝国皇帝为防外敌包围时城内无水源特意动用几千个奴隶建造的。随着在奥斯曼时期被弃用，它也就渐渐被世人遗弃，后来连入口都无人知晓了。就是今天，入口也就是一座挤在楼群中不起眼的小房子，要不是看见售票处有在排队等候参观的人群，还真容易错过。虽然建造目的简单，但水宫建得一点也不简单，那336根石柱来于分布在小亚

地下水宫的"泪柱"

细亚半岛的多座神殿并用古老的非机动方式搬运过来。纹路优雅且巍峨排列的石柱使得地下水宫神秘唯美、辉煌大气。其中有一根被称为"泪柱"的柱子相当有名，这是水宫里一根带有眼睛花纹的石柱，因为总有水源源不断地沿着石柱流下，所以它被称为"哭泣的石柱"。

虽然这些柱子的材质不尽相同，但在昏暗的灯光和水中倒影衬托下倒也形成了一种肃杀威严、排山倒海的气势。那跳动的光点在流水的反射下显得鬼影憧憧，有时会让人有点恍惚，这是不是地下的希腊神庙？当然，更多的是让参观者感到困惑：这暗无天日的……这么大的排场只为储水，有这个必要吗？大概正是因为这些特点，这个地方常被神秘小说和惊悚电影用来当藏密之地，例如电影《007在伊斯坦布尔》和《特务迷城》曾在这里取景，丹·布朗（Dan Brown）的《地狱》（Inferno，后拍成电影《但丁密码》）中又有人以此地当引发病毒疫情的关键地点。

地下水宫

充满疑团的美杜莎

　　1984年，地下水宫改建时，人们从底部厚达2米的淤泥中发掘出了倒置、侧置的美杜莎头像。这更让这个地方充满了玄妙，使之不仅和战争有关，还和神话有关。

倒放和侧放的美杜莎头像

　　在希腊神话中，美杜莎原是神的女儿，同时也是雅典娜神庙中的女祭司。一天，海神波塞冬发现了她的美丽，立即对她展开了追求，不料却被美杜莎拒绝了。波塞冬恼羞成怒，于是强暴了美杜莎。雅典娜不但没有为自己的祭司报仇，相反，她认为美杜莎玷污了自己的神庙，一气之下将美杜莎的头发全部变成了毒蛇。从此，美女就变成蛇发妖怪，她的目光所及之处，所有的活物就都会变成石像。变成蛇发女妖的美杜莎也因此成了各路英雄斩妖除魔的对象。他们想要斩下美杜莎的头，献给自己尊奉的神。很多人都没成功，统统化作了美杜莎所住山洞外的石像。

美杜莎

卡拉瓦乔　1595—1596年
布面油画　60cm×55cm
佛罗伦萨乌菲齐美术馆

　　直到一位名叫珀尔修斯（Perseus）的英雄出现，美杜莎的不屈才戛然而止。珀尔修斯也是一位传奇人物，他是宙斯化作黄金雨和达娜厄（Danae）相会后生下的儿子，他和母亲却也因此被外祖父抛弃而被迫到处漂流。后来，岛上国王波吕得克忒斯（Polydectes）收留了他们母子，并爱上了达娜厄。珀尔修斯知道自己会被赶走，便主动在一次宴会上提出给波吕得克忒斯送一份礼物，以报答他多年来的照顾。波吕得克忒斯要的礼物就是美杜莎的头。正在珀尔修斯发愁如何完成这个不可能任务时，雅典娜出现了，还给了他一块闪亮的盾，还告诉他可以通过美杜莎的姐妹来找到她。珀尔修斯按照雅典娜的指示，顺利找到了美杜莎，又利用盾牌的反光悄悄接近了她。盾牌的反光中只有她的图像而没有她杀伤力，在那里看到美杜莎就是数学中说的映像，因此也就没有灵魂，所以看到她的眼睛的人不

美杜莎

彼得·保罗·鲁本斯　1617—1618年
布面油画　68.5cm×118cm　维也纳艺术史博物馆

会变成石头。就这样，珀尔修斯抓住机会，一举斩下了真实美杜莎的头颅。被砍下的美杜莎的头颅此后被当作武器，可将敌人瞬间化为石像。从此，美杜莎成为危险、恐惧、仇恨的象征。

美杜莎的故事太有戏剧性，几百年来都是艺术家们钟爱的创作主题。卡拉瓦乔画的美杜莎，怎么看也不像美女，倒是那压在水宫石柱下的美杜莎更像美女些；卡拉瓦乔的美杜莎尽全力张着大嘴，似有一种不屈的意念。再看鲁本斯画的美杜莎，组成其满头妖发的群蛇无首，互相纠结，各自逃命，但她的眸子没有逃。圆睁的双眼满是愤懑，也许正是因为冤屈让她死不瞑目，继续摄魂。卡诺瓦创作的雕像《提着美杜莎头颅的珀尔修斯》(*Perseus with the head of Medusa*)更加完整地讲述了这个故事，但故事的主人公不是美杜莎，而是珀尔修斯。珀尔修斯的雕像英俊帅气，是典型的希腊英雄形象。他右手持剑，左手提起美杜莎的头颅，在向世界炫耀他的战利品。美杜莎则妥妥是为他烘托气氛的。

围绕美杜莎的创作总是充满神秘，它的用途更神秘。美杜莎的头像被封印在伊斯坦布尔的地下水宫，是为了镇宅之用，还是另有深意？有人说，美杜莎在拜占庭时期仅是当装饰物而已；也有人说，工匠们建造水宫时发现有两根柱子高度不够，这两个美杜莎头像大小刚刚好，于是它们就当了柱子的"增高台"。目前，仍没人能给出一个确切的答案。

提着美杜莎头颅的珀尔修斯

安东尼·卡诺瓦
1804—1806 年　大理石
高 242.6cm　纽约大都会艺术博物馆

YEREBATAN SARNICI

地下水宫随记

2019年，我去参加一个学术国际会议，来到土耳其名城伊斯坦布尔。紧张的会议受益良多，我报告了自己的研究成果，还意外地获得了会议的最佳论文奖。作为东西方的交接点，这座城市所展示的各种文化的交织让人很感兴趣。特别是这个城市的建筑，更是承载了厚重的历史记忆。不过，从艺术和数学的角度上来说，我更有兴趣是地下水宫，阴森森的水宫充满着神秘的色彩，曲折蜿蜒的水道，繁密林立的柱子，神秘中带着秩序感，很有数学感。地下水宫还有让人惊奇的被封在水里的美杜莎头像，一时间我参观过的各种博物馆里的关于美杜莎的艺术品在我脑海中品纷至沓来，美杜莎更强化了水宫深不可测的奥秘，实在让人着迷。后来，疫情期间我在家读了丹·布朗的《地狱》，书中最后写到恶势力在这个地下水宫放毒，看来美杜莎即便倒过来也要继续发威，还真是有点让人不寒而栗。